# PSICOLOGÍA DE LA COMUNICACIÓN

EDICIONES UNIVERSIDAD CATÓLICA DE CHILE
Vicerrectoría de Comunicaciones
Av. Libertador Bernardo O'Higgins 390, Santiago, Chile

editorialedicionesuc@uc.cl
www.ediciones.uc.cl

**Psicología de la Comunicación**
Alejandro López Rousseau, Andrea Parada Cangas
y Franco Simonetti Bagnara

© Inscripción N° 60.100
Derechos reservados
Agosto 1984
ISBN N° digital 978-956-14-2715-0

Segunda edición: 1991
Tercera edición: 1995
Cuarta edición: 1999
Alfaomega Grupo Editor de México (Colombia)
Quinta edición: octubre 2009, 1.000 ejs.
Reimpresión agosto 2020

Diseño portada: Francisca Galilea R.
Diseño interior: Publicidad Universitaria
Pedro Álvarez Caselli

C.I.P. - Pontificia Universidad Católica de Chile
López, Alejandro
Psicología de la comunicación:
textos y ejercicios / Alejandro López,
Andrea Parada y Franco Simonetti.
1. Comunicación - Aspectos Psicológicos.
2. Teoría de la información.
I. t.
II. Parada, Andrea, coaut.
III. Simonetti, Franco, coaut.
1991          302.2   dc 19          RCAA2

Portada: Ilustración de *Les Mystères de l'Horizon* de René Magritte (1955).

# PSICOLOGÍA DE LA COMUNICACIÓN


Alejandro López Rousseau

Andrea Parada Cangas

Franco Simonetti Bagnara

EDICIONES UC

Dedicamos nuestro libro
a todos aquellos que no se dedican sus libros
a sí mismos

# Índice

# Prólogo

*La comunicación en tiempos de crisis ecológicas, económicas, sanitarias y sociales es probablemente más relevante y ciertamente más urgente que en momentos de normalidad. Ahora, más que nunca, se debe apelar a la psicología para lograr una comunicación de naturaleza empática e informativa, persuasiva y pragmática. Si bien es imposible no comunicar, ya que el silencio también habla, se puede comunicar mejor, por ejemplo, aislando el ruido de la información en los comunicados, definiendo las relaciones simétricas y asimétricas entre los comunicantes, transmitiendo los contenidos pertinentes por los canales correspondientes, etcétera. Es decir, siendo transparente con otros al comunicar(se). Aun cuando solo fuese por eso, este libro pretende ser de utilidad como instrumento para desdibujar el círculo vicioso de la incomunicación actual en la sociedad y, en cambio, dibujar el círculo virtuoso de la comunicación. Ya no lo necesitamos solamente para convivir, sino para sobrevivir.*

*Tal como la antigua oratoria mantiene su vigencia después de más de dos milenios, los textos y ejercicios de este libro mantienen su vigencia después de más de dos décadas de su primera publicación. Los principios y prácticas de la psicología de la comunicación descritos en los capítulos respectivos del arte retórico de Aristóteles, la teoría informacional de Shannon, el modelo comunicacional de Berlo y el enfoque interaccional de Bateson son tan válidos hoy como ayer, incluso con las nuevas tecnologías que han transformado las redes de comunicación cuantitativamente en globales y cualitativamente en virtuales. Así, por ejemplo, las fake news en redes sociales resultan persuasivas por su carácter retórico, un WhatsApp diciendo "t exo d -" resulta inteligible por su redundancia informativa, o un e-mail no respondido comunica interaccionalmente tanto o más que uno respondido. Los nuevos canales de comunicación tipo Facebook, Instagram o Twitter cambiaron la forma de hablar, pero no su fondo: dar un like es como siempre decir me gusta(s).*

*En lo formal, esta edición reproduce fielmente su última edición en papel, excepto por su nuevo formato digital y prólogo actualizado.*

*Los autores*
*marzo de 2020*

# *Introducción*

*El propósito fundamental de este trabajo ha sido desarrollar un libro introductorio a la psicología de la comunicación, dirigido a todos aquellos profesionales -psicólogos, pedagogos, comunicadores sociales y otros- que en su labor docente aborden de algún modo el tema de la comunicación interpersonal.*

*En relación al contenido de este libro introductorio, su objetivo específico es proporcionar una sistematización de los conocimientos aportados por los principales enfoques de la comunicación al estudio y comprensión de ésta. El interés está dirigido hacia aquellos que se han ocupado fundamentalmente de la comunicación en cuanto a su aspecto pragmático, vale decir, de sus efectos en el comportamiento.*

*En cuanto a su forma, se ha implementado una serie de recursos didácticos que a nuestro juicio permitirá una optimización del aprendizaje de los contenidos presentados.*

*El primer enfoque expuesto corresponde a la antigua Retórica Aristotélica, la cual puede ser considerada como el primer intento de sistematización teórica del proceso de comunicación. En términos generales, la Retórica constituyó una disciplina que se ocupó del arte de la persuasión mediante la palabra y que reinó en Occidente durante más de veinte siglos. Fue Aristóteles quien se ocupó de reunir y explicitar los fundamentos de este arte retórico, describiendo las características que deben tener el orador y el discurso con el objeto de persuadir al oyente. Los principios persuasivos postulados por el filósofo aún mantienen su vigencia en el ámbito de la psicología de la comunicación.*

*En segundo término se presenta la Teoría de la Información o Teoría Matemática de la Comunicación, postulada por Shannon y Weaver a mediados de este siglo en respuesta a los problemas planteados por el creciente desarrollo de los medios de comunicación. Si bien esta teoría está primordialmente centrada en el nivel técnico del proceso de comunicación, vale decir, en lo que se refiere a la fidelidad de la transmisión de información, el modelo de comunicación general propuesto influye decisivamente en las conceptualizaciones posteriores del proceso de comunicación humana. Conceptos como información, incertidumbre, redundancia y ruido están en la base de todos los enfoques desarrollados con posterioridad a esta teoría.*

*A continuación se expone en detalle el Modelo de la Comunicación Humana propuesto por Berlo en la década del sesenta. Éste constituye la primera aproximación teórica al proceso de comunicación humana propiamente tal e intenta —a través de un modelo análogo al propuesto por la Teoría de la Información pero desde una perspectiva conductista— definir las condiciones necesarias para un proceso ideal de comunicación entre seres humanos. El concepto de comunicación más ampliamente difundido corresponde al propuesto por esta teoría. Entre sus múltiples aplicaciones se destacan aquellas referidas al campo de la pedagogía y la capacitación.*

*Finalmente, se muestra una sistematización de los conocimientos fundamentales aportados por el Enfoque Interaccional de la Comunicación, cuyos principales postulados son, en la actualidad, de gran relevancia en diversas áreas de la psicología. Éste comenzó a desarrollarse en la década del cincuenta a partir de un proyecto de investigación en torno a los niveles lógicos de la comunicación llevado a cabo por Gregory Bateson, Jay Haley, Don Jackson y John Weakland. Posteriormente, junto con la inclusión de otros colaboradores, sus planteamientos se consolidaron en un enfoque sistémico de la comunicación incompatible con las formulaciones lineales clásicas del comportamiento humano. En virtud de ser el modelo de la comunicación humana de mayor relevancia teórica y práctica en la actualidad, el Enfoque Interaccional ocupa un lugar especial y preponderante en cualquier curso introductorio de psicología de la comunicación. Por este motivo se han descrito en forma separada su desarrollo histórico, sus bases teórico-epistemológicas y sus principios más importantes. Nos hemos abstenido, en cambio, de incursionar en el campo clínico, en el cual éste ha encontrado una de sus aplicaciones más fructíferas, puesto que dicho campo queda fuera de los alcances de un libro de esta naturaleza.*

En un sentido formal y como complemento didáctico a los artículos de desarrollo teórico de cada enfoque de la comunicación, se han incluido una guía de estudio y una serie de juegos, ejercicios y simulaciones. Las guías de estudio constituyen una instancia de reflexión en torno a cada tema tratado. A partir de ciertas proposiciones se estimula a trascender los marcos del artículo teórico y a aplicar lo aprendido en otros contextos.

La serie de juegos, ejercicios y simulaciones se ha diseñado con el propósito de que, en el marco de una situación lúdica, se experimenten personalmente la validez y consecuencias pragmáticas de los principios de la comunicación aportados por cada enfoque.

Como un recurso didáctico adicional se ha estimado conveniente citar por separado la bibliografía particular de cada artículo a pie de página, bajo el supuesto de que éstos pueden ser empleados en forma independiente y con el objeto de permitir un acceso inmediato a las fuentes de información respectivas. Asimismo, al final de este libro se ha incluido una bibliografía general comentada con el fin de ofrecer una mejor orientación. Ésta viene a complementar la bibliografía recomendada como lectura sugerida al final de cada artículo de desarrollo teórico.

*Los autores*

# Capítulo 1

# El Arte de la Retórica

La comunicación constituye un fenómeno natural, cotidiano e inherente al ser humano. Pese a ello, a lo largo de la historia han existido escasos intentos de sistematizar teóricamente el proceso de comunicación. En la antigüedad, lo más próximo a una sistematización de ella lo hallamos en los tratados de retórica.

En términos generales, la retórica es definida como el arte de la persuasión mediante la palabra; una técnica tal que, al ser aplicada al discurso, permite convencer al oyente, incluso si aquello de lo cual hay que persuadirlo es "falso". En un sentido más amplio, la retórica constituyó una disciplina que reinó en Occidente desde el siglo V a.C. hasta el siglo XIX d.C. y cuyo objeto de estudio fueron los efectos persuasivos del lenguaje. Paulatinamente, las diferentes partes que componen la retórica se fueron fundiendo en la literatura, la gramática, la psicolingüística, etc., hasta desaparecer como disciplina.

En términos históricos, la retórica tuvo sus raíces en Sicilia. Hacia el año V a.C. existieron allí juicios populares en los cuales el ciudadano debía defender por sí mismo su causa y sus derechos. Para convencer, entonces, era necesario ser un orador elocuente; elocuencia que fue rápidamente comercializada. Aparecieron maestros ambulantes que se preciaban de enseñar metódicamente el arte oratorio. También surgieron los logógrafos que redactaban los discursos apropiados para sus clientes[1].

---

[1] Barthes R., *Investigaciones Retóricas I*. Tiempo Contemporáneo, Bs. As., 1974.

Posteriormente, esta oratoria espontánea y elocuente comienza a ser estudiada, reglamentada y enseñada, dando origen a la retórica propiamente tal. Corax es el primero en establecer ciertas reglas explícitas al formular un plan del discurso. En breve, éste constaba de cinco partes: exordio, narración, argumentación, digresión, epílogo; las cuales corresponden respectivamente a una introducción, una demostración y una conclusión. Los autores sicilianos (Corax, Tisias, Empédocles, etc.) ya habían establecido que el objeto de la retórica era persuadir y que esta persuasión provenía de lo verosímil. Es decir, no de la verdad absoluta, sino más bien de la aparente, la cual hacía que el orador fuera creído.

Gorgias, embajador en Atenas, fue quien introdujo la retórica entre los griegos hacia la segunda mitad del siglo V a.C. Era un orador brillante, capaz de cambiar la apariencia de los hechos mediante la fuerza de su discurso. Fue él quien, reuniendo los elementos de la poesía (metáforas, consonancia, simetría, etc.), los traspasó a la prosa, enfatizando con esto el estilo del discurso y su fuerza expresiva. Planteó que la retórica era el arte de persuadir a cualquiera por medio del discurso[1].

La democracia oral de los griegos fue el terreno apropiado para el desarrollo de la retórica. El discurso era un instrumento político y el arte de hablar, un medio de conquistar y conservar el poder. Paralelamente, la retórica se convirtió en el arte de los sofistas, pues les permitió defender brillantemente su relativismo moral. Jactándose de ser maestros de la elocuencia y capaces de hacer hábil a cualquiera en el arte de persuadir, afirmaban poder transformar la peor causa en la mejor.

Rebelándose contra este abuso del arte retórico, Platón intentó reivindicarlo escribiendo dos diálogos que versaban sobre él: Fedro y Gorgias. En ellos planteaba que existían dos tipos de retórica, una falsa y la otra auténtica. La falsa era la retórica de hecho y su objeto sería la verosimilitud, la ilusión, el ser creída. Ésta era la retórica de los sofistas, la que adula, la que persuade para obtener poder sin considerar el bien. Por el contrario, la auténtica retórica era la retórica del derecho cuyo objeto sería la verdad y el bien. Era ésta la retórica filosófica basada en la sabiduría y la virtud. Según Platón, la forma fundamental del discurso era el diálogo en búsqueda de la verdad y el pensamiento compartido. El curso que seguía el razonamiento que subyace a estos diálogos era de tipo binario: el discípulo tenía que elegir si aceptar o rechazar un argumento o alternativa que le ofrecía su maestro; cada elección frente a un argumento o alternativa determinaba una siguiente elección frente a otro argumento o alternativa; y así sucesivamente hasta alcanzar la conclusión deseada por el maestro. Esto queda mejor ejemplificado en el siguiente fragmento del Gorgias[2].

SÓCRATES: ¿Hay algo que tú llamas saber?
GORGIAS: Hay algo.
S.:  ¿Y algo que llamas creer?
G.:  Sí, por cierto.
S.:  ¿Opinas, entonces, que lo mismo son saber y creer, ciencia y fe, o que son algo distinto?
G.:  Yo, en verdad, pienso que son algo distinto, Sócrates.
S.:  Sin embargo, tanto los que saben como los que creen han sido persuadidos.
G.:  Así es.
S.:  ¿Quieres que establezcamos, por tanto, dos clases de persuasión, la que brinda fe sin saber y la que brinda ciencia?
G.:  Completamente de acuerdo.
S.:  ¿Cuál de ellas produce, pues, la retórica en los tribunales y en las otras reuniones, acerca de lo justo y lo injusto? ¿Aquella de la que surge la fe sin saber, o aquella de la cual surge el saber?
G.:  Es evidente, Sócrates, que aquella de la que surge la fe.
S.:  De tal manera, la retórica produce, al parecer, persuasión acerca de lo justo y lo injusto por la fe, pero no por la enseñanza.
G.:  Sí.

Sin embargo, fue Aristóteles quien estableció definitivamente los principios que subyacen a la retórica. Eran los principios por él postulados los que, posteriormente, serían desarrollados una y otra vez en los tratados clásicos de retórica (Cicerón, Quintiliano, Dionisio) hasta que ésta desapareciera como disciplina.

## La retórica aristotélica

Luego de recopilar y criticar los tratados de retórica de su época, Aristóteles escribe "El arte de la retórica" (Tejné retoriké) en el año 323 a.C. En ella desarrolla lo que hoy podría denominarse una teoría acerca de la persuasión.

Aristóteles concibe el discurso como un mensaje y lo somete a una

[2] Platón, *Gorgias*. Eudeba, Bs. As., 1967.

división del tipo: emisor-mensaje-receptor. Su obra está compuesta por tres libros. El libro I es el libro del emisor del mensaje, del orador. Ahí comienza primero por definir la retórica y su objeto; luego estudia la forma de concebir argumentos, de adaptarse al público y de lograr en éste la impresión de hombre honesto durante el discurso. En general, trata acerca del carácter moral del orador (ethos). El libro II es el libro del receptor del mensaje, del público. Trata de los caracteres, costumbres y pasiones de la gente con el objeto de que el orador, en su conocimiento, pueda apelar a los sentimientos apropiados para disponer anímicamente al público a su favor (pathos). Finalmente, el libro III es el libro del mensaje mismo, del discurso (logos). Ahí se estudia la disposición de las diferentes partes del discurso, su estilo y la forma de declamarlo.

Aristóteles define la retórica como "la facultad de conocer en cada caso aquello que puede persuadir"[3]. En este sentido, el orador debe descubrir en cada caso particular el modo de persuasión apropiado. El objeto de la retórica "no es el objeto de ningún otro arte, pues cada uno de los demás enseña y persuade respecto de sus propias materias..., pero la retórica puede conocer respecto de cualquier asunto propuesto aquello que es apto para persuadir"[3]. La retórica es un arte que puede ser cultivado, pero para ello se requiere conocer sus principios.

La retórica aristotélica se basa en el principio de lo verosímil, en demostrar mediante el razonamiento aquello que la gente cree posible. Para ello se vale de una lógica intencionalmente poco rigurosa, de la lógica que dicta el sentido común, de una lógica adaptada a los criterios de la opinión pública. Esto queda mejor expresado por la siguiente regla aristotélica: más vale un verosímil imposible que un posible inverosímil. Para persuadir, entonces, es necesario contar aquello que la gente cree posible, aún cuando esto sea "realmente" imposible, que contar lo que de hecho es posible si esto no será creído.

El arte de la retórica desarrollado por Aristóteles puede ser figurado como un árbol con diferentes ramificaciones (Fig. 1). A continuación detallaremos cada una de estas ramificaciones.

## Invención

Es a esta operación, encontrar qué decir, a la que Aristóteles presta mayor atención en su obra. Se trata de establecer las pruebas o argumentos necesarios para persuadir durante el discurso. Constituye, por así decirlo, el cuerpo lógico y psicológico del discurso, su contenido.

---

[3] Aristóteles, *El Arte de la Retórica*. Eudeba, Bs. As., 1966.

Supone, además, un método sistemático para hallar las formas argumentativas más eficaces; lo espontáneo e intuitivo no produce buenas razones según Aristóteles. Esta búsqueda de argumentos persuasivos tiene dos finalidades, una lógica y otra psicológica: convencer y emocionar, respectivamente. Recorreremos primero el camino del convencer para luego retomar el del emocionar:

**Figura 1: Árbol Retórico**

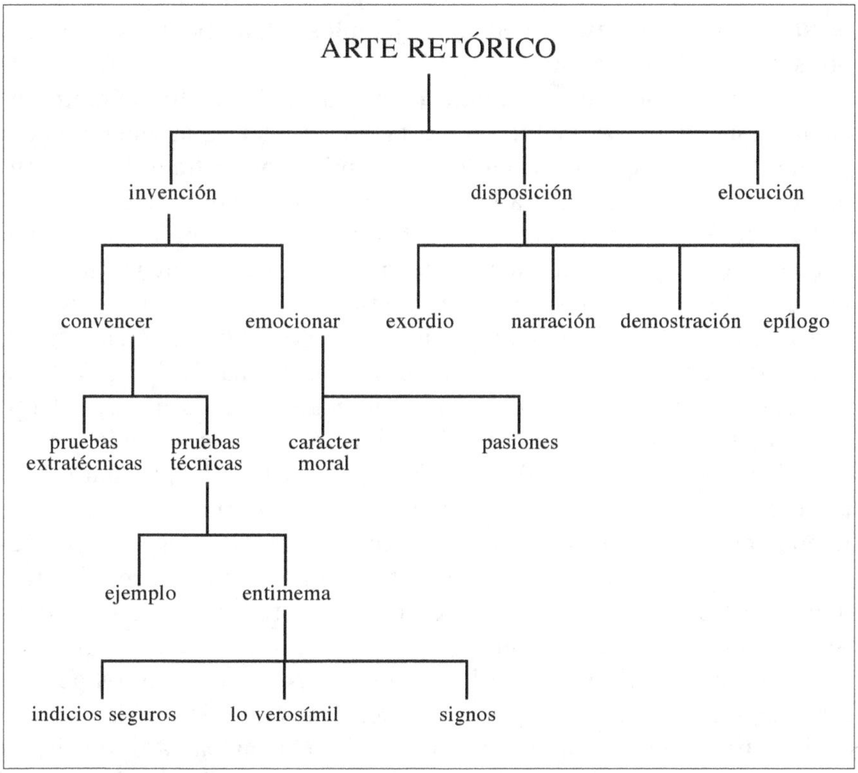

ARTE RETÓRICO
invención
disposición
elocución
convencer
emocionar
exordio
narración
demostración
epílogo
pruebas extratécnicas
pruebas técnicas
carácter moral
pasiones
ejemplo
entimema
indicios seguros
lo verosímil
signos

## Acerca del convencer

Para convencer se requiere de un aparato lógico de pruebas que permitan persuadir al oyente mediante el poder del razonamiento puro, esto es, la fuerza lógica de los argumentos. En este caso no se consideran las características anímicas del oyente, sino sólo su capacidad de razonar.

Existen dos tipos de pruebas que el orador puede esgrimir en su discurso: las extratécnicas y las técnicas. Las pruebas extratécnicas son aquellas que "no han sido compuestas por nosotros, sino que ya existían"[3]. Éstas se encuentran fuera del orador, el cual sólo puede usarlas, pero no inventarlas. Entre ellas se cuentan las leyes, los contratos, las confesiones, los juramentos y los testigos. Estos últimos pueden ser, incluso, juicios emitidos por hombres ilustres y hasta proverbios. Como Aristóteles dice "si alguien aconseja que no se tome a un viejo por amigo, para éste testifica el proverbio: jamás hagas un beneficio a un viejo"[3]. Las pruebas técnicas son aquellas que "se pueden preparar por nuestra propia industria y con método"[3]. Éstas son las que debe aportar el orador a partir de su propio razonamiento, son aquellas que el orador inventa. Para ello sólo tiene dos caminos: para lograr persuadir "se demuestra mediante ejemplos o entimema, no existen otros medios fuera de éstos"[3].

El ejemplo constituye una inducción; vale decir, de un objeto particular se infiere la clase y luego de esta clase se deriva un nuevo objeto particular que es empleado en lugar del primero. Se trata de un argumento por analogía (o contrarios) cuya persuasión radica en la similitud de características entre hechos distintos. Entre los ejemplos se cuentan citar hechos o personajes históricos o mitológicos y crear fábulas o parábolas. Aristóteles cita una hermosa fábula de Esopo como ejemplo. Éste, defendiendo a un hombre rico acusado de un crimen capital, "contó que una zorra, mientras atravesaba un río, había sido arrastrada hacia un remolino, y que como no pudiese salir de allí sufrió largo tiempo y muchas garrapatas se adhirieron a ella, y que pasando por allí un erizo, en cuanto la vió, movido a compasión, le preguntó si le arrancaría las garrapatas, pero que ella no se lo permitió, y como aquél le preguntase por qué, había respondido: "porque éstas ya están satisfechas de mí y me chupan poca sangre, pero si las arrancas vendrán otras hambrientas y se beberán el resto de mi sangre". Pues bien señores -dijo Esopo refiriéndose a su defendido- éste ningún daño os hará en adelante, pues es rico, pero si le dierais muerte vendrán otros pobres, los cuales os arruinarán dilapidando vuestro tesoro público"[3].

El entimema constituye una deducción, en la cual, a partir de ciertas premisas supuestas se deriva una conclusión determinada. Aristóteles lo denomina el silogismo retórico. Sin embargo, el entimema es un silogismo fundado en premisas verosímiles y generales, que son verdaderas la mayor parte de las veces; en tanto que el silogismo riguroso se funda sobre premisas universales y siempre verdaderas. Veamos la diferencia mediante un ejemplo:

(A) Todos los hombres son mortales.
    Juan es un hombre.
    Juan es mortal.

(B)  Los padres cuidan a sus hijos.
Juan es padre.
Juan cuida a su hijo.

Puesto que en el silogismo (A) la premisa es verdaderamente universal su conclusión es verdadera. En el silogismo (B) la premisa es sólo general; la mayor parte de las veces los padres cuidan a los hijos, sin embargo, existen padres que no cuidan a sus hijos, como en el caso de los niños abandonados, maltratados, etc. De esta forma la conclusión derivada es solamente probable. La diferencia entre uno y otro caso es que el silogismo riguroso no admite contrarios (Juan es mortal), en cambio el entimema si (Juan no cuida a su hijo).

Las premisas que dan lugar a los entimemas pueden ser de tres tipos: los indicios seguros, los signos, lo verosímil. Los indicios seguros son aquellos hechos obvios a los sentidos y evidentes al pensamiento; es un indicio necesario, verdadero e irrefutable. Por ejemplo, "si alguien dijese que una mujer ha dado a luz, porque tiene leche, entonces tendríamos un indicio seguro"[3]. Los signos son aquellos hechos que nos sirven para hacer entender algún otro hecho; sin embargo, para que el signo sea probatorio se requieren signos concomitantes que lo apoyen. Por ejemplo, es un signo el decir "que alguien tiene fiebre, porque respira agitadamente"[3]. Lo verosímil se refiere a aquellos hechos sobre los cuales la gente está generalmente de acuerdo, los juicios compartidos, la opinión pública, el sentido común. Por ejemplo, constituye un verosímil el afirmar que se debe respetar a los mayores.

Para Aristóteles los entimemas siempre podrán ser refutados, "pero esta refutación será siempre aparente y no verdadera, pues el que aduce la objeción no demuestra que no es verosímil, sino que no es necesario"[3]. La excepción correspondería a los entimemas basados en indicios seguros, pero es necesario considerar que lo que es seguro en una época no lo es en otra, depende de su contexto histórico. Así, por ejemplo, el hecho de que el sol se levante por el oriente y se ponga por el poniente constituía en ese entonces un indicio seguro de que el sol giraba en torno a la tierra, hecho ampliamente refutado en este momento. Esto da mayor relevancia al concepto de lo verosímil en la argumentación.

Entre los entimemas están las máximas (fragmento de silogismo cuyo resto es virtual), los entimemas aparentes (silogismo fundado en un juego de palabras), el sorites (acumulación de premisas), etc. "Conviene que el mortal abrigue mortales y no inmortales esperanzas", constituye un hermoso ejemplo de máxima[3].

El entimema constituye el gran argumento sobre el cual descansa el arte de la retórica. Permite al orador persuadir a partir de lo que el propio público piensa, deriva sus conclusiones desde las premisas compartidas por el sentido común. El orador no hace sino demostrar aquello que es aceptable a los oídos de su público. Además siempre tiene la alternativa de argumentar lo contrario sin faltar a la verdad.

## Acerca del emocionar

Esto constituye lo propiamente psicológico del arte de la retórica, pues aquí se pretende adaptar el discurso a las características de personalidad del oyente. Para conmover es necesario pensar el mensaje según la disposición, carácter y pasiones del receptor, con el fin de argüir las pruebas subjetivas y morales apropiadas para persuadir. Como dice Aristóteles, "hay que procurar que el orador esté en cierto estado de ánimo y disponga al que decide, porque es de gran importancia en orden a la persuasión que el orador se muestre con cierta disposición de ánimo y que los oyentes crean que se halla de algún modo dispuesto con respecto a ellos, y además, que éstos se encuentren dispuestos de alguna manera"[3]. Asimismo, el estagirita divide las pruebas psicológicas en dos clases: el carácter moral del orador y las pasiones.

En el carácter moral se refiere a los atributos del orador que lo hacen digno de ser creído, "porque a las personas buenas les creemos más y con mayor rapidez, principalmente en aquello que no hay evidencia, sino una opinión dudosa"[3]. Debe descubrir lo que el público desea de él y complacerlo mostrando los rasgos morales apropiados para causar buena impresión. Aristóteles define tres características que otorgarán autoridad moral y credibilidad al orador: la prudencia o cualidad de deliberar juiciosamente entre el bien y el mal; la virtud o cualidad de expresarse abierta y directamente sin temor a las consecuencias; y la benevolencia o cualidad de complacer al auditorio.

Las pasiones se refieren a los sentimientos de aquel que escucha. Según Aristóteles, "se persuade por medio de la disposición de los oyentes, cuando fueren conmovidos por el discurso; porque no juzgamos de igual manera cuando estamos tristes que cuando estamos alegres, o cuando amamos que cuando odiamos..., pues son las pasiones la causa de que los hombres difieran en su juicio, porque ellas los transforman diversamente" 3. Aristóteles estudia cada pasión según el estado de ánimo propio de cada una de ellas, hacia quién va dirigida y cuál es su motivo. Analiza cada pasión según lo que se cree que son, de manera que el orador pueda argumentar de acuerdo a esa creencia. La pasión es descrita exteriormente, tal como se presenta, tal como el público las imagina y las describe. La opinión del público acerca de las pasiones constituye el dato esencial que el orador debe manejar para exaltar en ellos algún sentimiento.

Dejemos, por ejemplo, que Aristóteles nos describa la gratitud: "... entendamos por favor aquello por lo cual se dice que aquel que tiene a su disposición los medios, presta ayuda al que la necesita, no a cambio de otra cosa, ni para que el mismo benefactor consiga algún provecho, sino para que lo obtenga el beneficiado. El favor será grande si fuera otorgado al que está muy necesitado, o si se tratare de cosas importantes y difíciles, o si fuera hecho en ocasiones especiales, o bien, el bienhechor fuere el único, o el primero o el principal. Son necesidades los deseos, y entre ellos, sobre todo los que van acompañados de pena cuando no son satisfechos; tales los deseos pasionales, por ejemplo, el amor. Igualmente, los que se experimentan en los sufrimientos del cuerpo y en los peligros, pues desea tanto el que se halla en peligro como el que sufre. Por eso, los que ayudan a los que se encuentran en la pobreza, aunque presten un pequeño favor, son objeto de agradecimiento, a causa de la magnitud de la necesidad y de las circunstancias ... Ahora bien, al argumentar las premisas se han de preparar sobre esta base, demostrando que los unos se encuentran o encontraron en tal necesidad o aflicción, y que los otros prestaron o prestan ayuda en esa necesidad. Es evidente también por dónde es posible suprimir el favor y representar a los demás como personas que no inspiran reconocimiento, ya sea porque favorecen o favorecieron por propio interés (lo cual no era favor), o bien porque ello ocurrió por casualidad, o porque se vieron obligados, o porque devolvieron y no dieron..."[8].

Aristóteles define también los caracteres según la edad de la persona (juventud, edad madura y vejez) y según las vicisitudes de la suerte (nobleza, riqueza y poder). Estos constituyen otro aspecto importante a tener en cuenta por parte del orador con el fin de adaptar su discurso a las características del auditorio. De la edad madura, por ejemplo, Aristóteles dice: "los que se encuentran en la madurez poseerán, evidentemente, un carácter intermedio entre los dos anteriores (juventud y vejez), suprimiendo el exceso de cada uno de ellos. En efecto, ni confían exageradamente (pues esto es propio de la audacia), ni temen en demasía, sino que se hallan bien dispuestos respecto de ambos extremos; ni creen a todos ni desconfían de todos, sino que juzgan más bien de acuerdo con la realidad. Tampoco viven exclusivamente de acuerdo con lo honesto ni de acuerdo con lo útil, sino de acuerdo con ambas cosas; ni para el ahorro ni para la prodigalidad, sino según la medida conveniente. Lo mismo ocurre con la ira y los deseos pasionales. Son moderados con valentía y valientes con moderación"[3]. Y de la riqueza dice: "los ricos son insolentes y orgullosos y experimentan en parte los efectos de la posesión de la riqueza, pues se encuentran en el mismo estado de ánimo que si poseyeran todos los bienes juntos. Porque la riqueza es como una medida de valor de las demás cosas, por lo cual parece que todo puede evaluarse por ella"[3].

## Disposición

Una vez que se han descubierto los argumentos lógicos y psicológicos apropiados para persuadir en cada caso particular es necesario determinar el lugar y orden que éstos ocuparán en el discurso, esto es, dónde decirlos. El orden en que se ubicarán las pruebas constituye el aspecto formal del discurso. Sus grandes partes ya fueron enunciadas por Corax y su distribución no varió mayormente en la obra de Aristóteles, el cual enuncia cuatro secciones: exordio, narración, demostración y epílogo. El exordio y el epílogo constituyen básicamente, un llamado a los sentimientos y su función es conmover. La narración y la demostración son un llamado a la razón y su función es convencer.

El exordio es realmente una introducción en la cual el orador enuncia el plan del discurso que va a seguir. Paralelamente, intenta seducir al auditorio y hacerlo su cómplice, despertar su curiosidad y obligarlo a estar atento, volverlo receptivo e inclinarlo a su favor. Acerca de esto Aristóteles dice, "al oyente hay que hacerlo benévolo o irritarlo, mantenerlo atento o distraerlo .... los oyentes prestan atención a los asuntos de importancia, a los personales, a los que son dignos de admiración y a los agradables; por consiguiente, es necesario hacer ver que el discurso versa sobre asuntos de esta naturaleza"[3].

En la narración el orador relata los hechos, expone lo sucedido. Debe ser verosímil, claro y breve, y preparar el terreno para la argumentación.

En la demostración se comienza por definir la causa a ser discutida y luego se exponen los argumentos en relación a esta causa. Éste es el lugar donde se desarrolla lo dicho en cuanto al convencer, el lugar donde se despliegan las pruebas objetivas o lógicas. Sin embargo, no hay que descuidar lo referente al emocionar "cuando se excitan las pasiones, no hay que decir entimema, porque o se desalojará la pasión o el entimema habrá sido dicho en vano"[3].

Finalmente, en el epílogo se retoma y resume lo anteriormente expuesto y se finaliza el discurso utilizando todos los recursos para emocionar al público e inclinarlo a favor del orador. Como dice Aristóteles, "el epílogo consta de cuatro partes: disponer bien al oyente con respecto a uno mismo y mal para con el adversario; amplificar y atenuar; excitar las pasiones en el oyente y traer nuevamente las cosas a la memoria"[3].

## Elocución

En esta parte se trata de elegir las palabras adecuadas para expresarse, de adornar el discurso con expresiones tales que los argumentos sean más persuasivos, de hallar cómo decir lo que se ha de decir. Ésta constituye la parte estética del discurso y está centrada en el lenguaje propiamente tal. Éste cumple la función de vestir y vivificar el razonamiento. Lo fundamental del lenguaje radica en que un término puede ser sustituido por otro (sinonimia), produciéndose o no un cambio en el sentido o connotación de lo que se dice. Como lo expresa Aristóteles, "cuando se trata de manifestar algo, tiene su importancia decirlo de una u otra manera"[3]. En lo que constituye el estilo del discurso se pueden emplear distintas figuras: metáforas (bípedo implume), hipérbole (más lento que una tortuga), aliteración (tres tristes tigres), etc. Según Aristóteles, es necesario alejarse de las elocuciones comunes para lograr un lenguaje figurado; "experimentamos al respecto las mismas impresiones que en presencia de extranjeros: hay que darle al estilo un aire extranjero, pues lo que viene de lejos exalta la admiración"[3]. La elocución debe tener una serie de cualidades para que ejerza un poder persuasivo importante. Aristóteles define y analiza en detalle siete de ellas, a saber, pureza, grandeza, conveniencia, ritmo, período, cultura y elegancia y vivacidad. No ahondaremos en ellas aquí. Finalmente, Aristóteles también da indicaciones acerca de la acción: "la acción reside en la voz, a saber, cómo conviene usarla de acuerdo a cada una de las pasiones, por ejemplo, cuándo deberá ser alta, baja o mediana, y cómo se emplearán los tonos y qué ritmos para cada caso"[3].

LECTURA SUGERIDA
ARISTÓTELES, *El Arte de la Retórica*. Eudeba, Bs. As., 1966.

# *Guía*

Situándose en el marco de referencia general propuesto por el arte de la
retórica, reflexione en torno a las siguientes proposiciones:

- Toda comunicación es persuasiva.

- Los noticieros siguen los principios de una retórica de masas.

- Nada es mejor que la felicidad eterna. Una hamburguesa es mejor que
  nada. Luego, una hamburguesa es mejor que la felicidad eterna.

- Los límites de mi lenguaje constituyen los límites de mi pensamiento.

- En la palabra hay algo que persuade.

- El lenguaje retórico es intuitivo.

# Juegos Retóricos

# *Debate*

## Objetivo

Este juego está diseñado con el propósito de simular una situación real de persuasión donde se aprecian sus drásticas consecuencias posibles. Puede intervenir cualquier número de participantes y el tiempo de duración es de aproximadamente dos horas.

## Procedimiento

- Dividir a los participantes en tres grupos: "Acusadores", "Defensores" y "Jueces". El grupo de jueces deberá estar compuesto por un número impar de participantes.
- El grupo de jueces elegiría un presidente y luego todos abandonarán la sala sin conocer el caso a ser juzgado. El grupo de acusadores y el grupo de defensores deberán preparar en forma separada sus respectivas posturas en el debate de acuerdo al siguiente caso enjuiciado: El doctor Rosenberg enfrenta una demanda del Colegio Médico por haber desconectado el respirador artificial a una paciente que llevaba seis meses en estado de coma. Permita 45 minutos para esta fase.
- Luego cada grupo deberá llegar a un consenso respecto a su postura, esquematizada en términos de exordio, narración, demostración y epílogo, y elegir un abogado que lo represente ante el jurado.
- En seguida el grupo de jueces reingresa a la sala y el profesor da lectura al caso.
- Mediante una moneda al aire se decidirá cuál de los dos abogados, el defensor o acusador, presentará primero su posición ante el jurado. Cada uno dispondrá de 20 minutos. No se permiten intervenciones de ninguna otra persona, sean éstos jueces, acusadores o defensores.
- Una vez que el jurado ha escuchado ambas posturas inmediatamente cada juez procederá a emitir, por separado, su veredicto (culpable o inocente) en un papel.
- El presidente hará el escrutinio de los votos y emitirá el veredicto final.

## Discusión

La simulación en sí será lo suficientemente estimulante para iniciar la discusión. Sin embargo, es importante dirigirla hacia los siguientes aspectos:

- ¿Qué fue lo que persuadió a los jueces?
- ¿A qué tipo de recursos retóricos apelaron los abogados?
- ¿Qué tipos de pruebas fueron empleadas por los abogados: técnicas o extratécnicas? Dé ejemplos.
- ¿Qué características del orador incidieron en que un abogado fuera más persuasivo que el otro?
- ¿Qué características del oyente incidieron en que los jueces estuvieran mejor dispuestos frente a una de las partes?
- ¿Qué características del discurso mismo hicieron que uno de éstos fuera más persuasivo que el otro?
- Dé un argumento en el que se haya apelado a la regla aristotélica: "más vale un verosímil imposible que un posible inverosímil".
- Compare ambos discursos en cuanto a la elocución y disposición.
- ¿Fue aceptado el veredicto de los jueces por el grupo perdedor?
- ¿Hubo alguien que cambiara su posición inicial como resultado del debate? ¿A qué lo atribuye?
- ¿Los jueces decidieron en base a su posición personal o como resultado del debate?
- ¿Cuáles fueron las mejores evidencias y los mejores argumentos?
- ¿Qué supuestos subyacían a cada posición?
- ¿Hubo supuestos que nadie cuestionara?
- ¿Sintió algún participante que el abogado que lo representaba traicionó la posición grupal?
- ¿Cuál fue la fuente de argumentos (lógicos, morales, emocionales) más frecuentemente utilizada por ambas partes?
- ¿Es el debate un buen método para tomar decisiones de esta trascendencia? Proponga usted otros métodos.
- ¿Qué opina usted de la retórica después de este ejercicio?

# *Credibilidad I*

## Objetivo

Este juego está diseñado con el propósito de contrastar grupalmente el grado de persuasión del discurso dependiendo de la credibilidad y confianza que nos merezca el orador. Puede intervenir cualquier número de participantes y el tiempo de duración es variable.

## Procedimiento

- Dividir a los participantes en cuatro grupos numerados del uno al cuatro.
- Suministrar a cada participante de un mismo grupo la misma hoja de trabajo que le corresponde según el número adjudicado a su grupo. De esta forma, al interior de un grupo todos tendrán la misma hoja de trabajo y cada grupo en sí tendrá una hoja de trabajo distinta.
- Cada participante leerá en forma individual el discurso detallado en la hoja de trabajo.
- Enseguida, el profesor suministrará la pauta de trabajo a cada participante.
- Una vez respondida esta pauta, los diversos participantes deberán trabajar grupalmente. El material de análisis y discusión estará dado por las respuestas individuales contenidas en las respectivas pautas de trabajo.
- Finalmente, los diferentes grupos se reúnen y contrastan sus apreciaciones unos con otros.

---

**Hoja de trabajo 1**

El siguiente fragmento fue extractado de un cuaderno de un estudiante universitario de los suburbios de París:

"... Vamos al grano: lo que llamamos "la civilización industrial" no verá el fin de este siglo. Durante algunos años más dará aún placeres dudosos y privilegios que habrá que pagar cada vez más caro. Después tendrá que acabarse; terminarán los automóviles que se cambian cada dos o cinco años; terminarán las vestimentas que no duran más de una temporada, los envoltorios plásticos o metálicos que se botan, el consumo ordinario de carne y la libertad de engendrar y concebir. Mientras más rápido llegue todo esto a su fin, mejor será. Mientras más dure, más brutal será el derrumbe de esta civilización y más irreparable la catástrofe planetaria que ella prepara.

Puede que ustedes se encojan de hombros y pongan punto final a esta lectura. Si la continúan, acuérdense de esto: otras civilizaciones se han derrumbado antes de la nuestra, por las guerras de exterminio, la barbarie, la hambruna; se han extinguido sus pueblos por haber consumido lo que no pudo reemplazarse y destruido lo "irreparable". Acuérdense, también, que se ha predicho un atolladero absoluto para la civilización occidental e industrial, y la predicción no la han hecho políticos o ideólogos, sino demógrafos, agrónomos, biólogos, ecólogos, que a menudo tienen una comprensión tan pobre del alcance de sus cálculos que no cesan de extrañarse de la mala fe y de la hostilidad con que ellos son recibidos por los banqueros e industriales.

---

## Hoja de trabajo 2

El siguiente fragmento fue extractado de una carta a un diario de un profesional cesante:

II... Vamos al grano: lo que llamamos 'la civilización industrial' no verá el fin de este siglo. Durante algunos años más dará aún placeres dudosos y privilegios que habrá que pagar cada vez más caro. Después tendrá que acabarse; terminarán los automóviles que se cambian cada dos o cinco años; terminarán las vestimentas que no duran más de una temporada, los envoltorios plásticos o metálicos que se botan, el consumo ordinario de carne y la libertad de engendrar y concebir. Mientras más rápido llegue todo esto a su fin, mejor será. Mientras más dure, más brutal será el derrumbe de esta civilización y más irreparable la catástrofe planetaria que ella prepara.

Puede que ustedes se encojan de hombros y pongan punto final a esta lectura. Si la continúan, acuérdense de esto: otras civilizaciones se han derrumbado antes de la nuestra, por las guerras de exterminio, la barbarie, la hambruna; se han extinguido sus pueblos por haber consumido lo que no pudo reemplazarse y destruido lo "irreparable". Acuérdense, también, que se ha predicho un atolladero absoluto para la civilización occidental e industrial, y la predicción no la han hecho políticos o ideólogos, sino demógrafos, agrónomos, biólogos, ecólogos, que a menudo tienen una comprensión tan pobre del alcance de sus cálculos que no cesan de extrañarse de la mala fe y de la hostilidad con que ellos son recibidos por los banqueros e industriales...".

## Hoja de trabajo 3

El siguiente fragmento fue extractado de una conferencia de un eminente miembro de un partido ecologista europeo:

... Vamos al grano: lo que llamamos "la civilización industrial" no verá el fin de este siglo. Durante algunos años más dará aún placeres dudosos y privilegios que habrá que pagar cada vez más caro. Después tendrá que acabarse; terminarán los automóviles que se cambian cada dos o cinco años; terminarán las vestimentas que no duran más de una temporada, los envoltorios plásticos o metálicos que se botan, el consumo ordinario de carne y la libertad de engendrar y concebir. Mientras más rápido llegue todo esto a su fin, mejor será. Mientras más dure, más brutal será el derrumbe de esta civilización y más irreparable la catástrofe planetaria que ella prepara.

Puede que ustedes se encojan de hombros y pongan punto final a esta lectura. Si la continúan, acuérdense de esto: otras civilizaciones se han derrumbado antes de la nuestra, por las guerras de exterminio, la barbarie, la hambruna; se han extinguido sus pueblos por haber consumido lo que no pudo reemplazarse y destruido lo "irreparable". Acuérdense, también, que se ha predicho un atolladero absoluto para la civilización occidental e industrial, y la predicción no la han hecho políticos o ideólogos, sino demógrafos, agrónomos, biólogos, ecólogos, que a menudo tienen una comprensión tan pobre del alcance de sus cálculos que no cesan de extrañarse de la mala fe y de la hostilidad con que ellos son recibidos por los banqueros e industriales...".

---

## Hoja de trabajo 4

El siguiente fragmento fue extractado de un diario de vida de un paciente internado en un hospital psiquiátrico:

"... Vamos al grano: lo que llamamos "la civilización industrial" no verá el fin de este siglo. Durante algunos años más dará aún placeres dudosos y privilegios que habrá que pagar cada vez más caro. Después tendrá que acabarse; terminarán los automóviles que se cambian cada dos o cinco años; terminarán las vestimentas que no duran más de una temporada, los envoltorios plásticos o metálicos que se botan, el consumo ordinario de carne y la libertad de engendrar y concebir. Mientras más rápido llegue todo esto a su fin, mejor será. Mientras más dure, más brutal será el derrumbe de esta civilización y más irreparable la catástrofe planetaria que ella prepara.

Puede que ustedes se encojan de hombros y pongan punto final a esta lectura. Si la continúan, acuérdense de esto: otras civilizaciones se han derrumbado antes de la nuestra, por las guerras de exterminio, la barbarie, la hambruna; se han extinguido sus pueblos por haber consumido lo que no pudo reemplazarse y destruido lo "irreparable". Acuérdense, también, que se ha predicho un atolladero absoluto para la civilización occidental e industrial, y la predicción no la han hecho políticos o ideólogos, sino demógrafos, agrónomos, biólogos, ecólogos, que a menudo tienen una comprensión tan pobre del alcance de sus cálculos que no cesan de extrañarse de la mala fe y de la hostilidad con que ellos son recibidos por los banqueros e industriales ...

---

## Pauta de trabajo

De acuerdo al texto leído reflexione a partir de los siguientes puntos:

- Desarrolle la opinión que le merece el texto.
- Describa tres sentimientos que haya experimentado al leer el texto.
- Describa qué situaciones de la vida real imagina usted que intenta reflejar el autor en su escrito.

- Evalúe críticamente el texto. Otórguele, además, una nota de uno a siete.
- Diga si le daría usted su apoyo a esta persona en caso que fuera elegida para desempeñar el cargo de director de un Movimiento para la Defensa del Medio Ambiente. Justifique su respuesta.

## Discusión

- La discusión debe centrarse en el efecto persuasivo del orador según las características morales que lo definen.
- Contrastar prejuicios y sentimientos de confianza o desconfianza que los oradores despiertan en el lector.
- Considerar si en el proceso de evaluación primaron los factores cognitivos o emocionales.
- Realizar una comparación de la nota promedio de evaluación para cada orador.

# *Credibilidad II*

## Objetivo

Este juego está diseñado con el propósito de contrastar grupalmente el grado de persuasión del discurso dependiendo de su deposición y elocución. Puede intervenir cualquier número de participantes y el tiempo de duración es variable.

## Procedimiento

- Dividir a los participantes en tres grupos numerados del uno al tres.
- Suministrar a cada participante de un mismo grupo la misma hoja de trabajo que le corresponde según el número adjudicado a su grupo. De esta forma, al interior de un grupo todos tendrán la misma hoja de trabajo y cada grupo en sí tendrá una hoja de trabajo distinta.
- Cada participante leerá en forma individual el discurso detallado en la hoja de trabajo.
- Enseguida, el profesor suministrará la pauta de trabajo a cada participante la que será respondida en forma individual.
- Una vez respondida la pauta, los diversos participantes deberán trabajar grupalmente. El material de análisis y discusión estará dado por las respuestas individuales.
- Finalmente, los diferentes grupos se reúnen y contrastan sus apreciaciones unos con otros.

---

**Hoja de trabajo 1**

El siguiente fragmento fue extractado de un ensayo estético acerca de la belleza:

II... ¿Qué es la belleza? La belleza, se dice, es la armonía física (o artística) que inspira placer y admiración. Es verdad que esa armonía está sujeta a los valores de una cultura (el concepto de belleza chino, americano, africano o europeo coinciden en muy poco), pero sean cuales sean, en todas y cada una, es el conjunto de la persona lo que da la armonía. Y la persona es pelo, cara y cuerpo. Al que menos le importa el físico, le importa. La vanidad es una característica inherente al ser humano. Lo que pasa es que nos hemos acostumbrado a utilizar esta palabra para describir a alguien que ha traspasado el nivel normal, situándose más cerca del narcisismo..."

---

---

**Hoja de trabajo 2**

El siguiente fragmento fue extractado de un ensayo estético acerca de la belleza:

II... Cierto día belleza y fealdad se encontraron a orillas del mar. Y se dijeron: "bañémonos en el mar". Entonces se desvistieron y nadaron en las aguas. Instantes más tarde, fealdad regresó a la costa y se vistió con las ropas de la belleza, y luego partió. Belleza también salió del mar, pero no halló sus vestiduras, y era demasiado tímida para quedarse desnuda, así que se vistió con la ropa de fealdad. Y belleza también siguió su camino. Y hasta hoy día, hombres y mujeres confunden la una con la otra. Sin embargo, algunos hay que contemplan el rostro de belleza y saben que no lleva sus vestiduras. Y algunos otros que conocen el rostro de fealdad, y sus ropas no lo ocultan a sus ojos.

---

**Hoja de trabajo 3**

El siguiente fragmento fue extractado de un ensayo estético acerca de la belleza:

II... La belleza es esencialmente objeto de inteligencia, pues lo que conoce en el sentido pleno de la palabra es la inteligencia, pues sólo ella está abierta a la infinitud del ser. El lugar natural de la belleza es el mundo inteligible, de ahí desciende. Pero en cierta manera cae también bajo el alcance de los sentidos, en la medida en que en el hombre éstos sirven a la inteligencia y pueden gozar ellos también conociendo: sólo la vista y el oído, entre todos los sentidos, tienen relación con lo bello, porque estos dos sentidos son "maxime cognoscitivi". La parte de los sentidos en la percepción de la belleza se hace enorme en nosotros y casi indispensable ...

---

**Pauta de trabajo**

De acuerdo al texto leído reflexione a partir de los siguientes puntos:

- Desarrolle la opinión que le merece el texto.
- Describa tres sentimientos que haya experimentado al leer el texto.
- Describa qué situaciones de la vida real imagina usted que intenta reflejar el autor en su escrito.
- Evalúe críticamente el texto. Otórguele, además, una nota del uno al siete.
- Diga si le daría usted su apoyo a esta persona en caso de que fuera elegida para desempeñar el cargo de director en un Museo de Bellas Artes. Justifique su respuesta.

## Discusión

- Es importante hacer notar que si bien los tres discursos versan sobre el mismo tema, el lenguaje, disposición y elocución empleados en cada uno difieren significativamente.
- Comparar el grado de persuasión de cada discurso según la nota de evaluación promedio.
- Considerar qué tipo de factores incidieron más en la evaluación de cada uno.
- Describir las figuras empleadas en cada caso.

# *Lo Verosímil I*

## Objetivo

El propósito de este juego es contrastar grupalmente aquellos supuestos que subyacen a lo verosímil y que son empleados por el orador con la intención de persuadir. Puede intervenir cualquier número de participantes y el tiempo de duración es aproximadamente de cuarenta y cinco minutos.

## Procedimiento

- Dividir a los participantes en grupos de cuatro personas.
- Suministrar a cada grupo la hoja de trabajo.
- Cada participante deberá dar lectura, en voz alta, a una afirmación cuyos supuestos deberán ser discutidos en conjunto.
- Deberá inferirse el mayor número de supuestos posibles para cada afirmación.
- No se trata de llegar a un acuerdo sino que de discutir abiertamente cada supuesto propuesto.
- Luego de haber discutido todos los supuestos, los diferentes grupos se reúnen y contrastan sus apreciaciones entre sí.

---

### Hoja de trabajo

- Los medios de comunicación son veraces y objetivos.
- Debería haber leyes contra las revistas pornográficas.
- La gente no debería sentirse nerviosa.
- Si echamos abajo todos sus argumentos, ellos tendrán que estar de acuerdo con nosotros.
- El pasto es verde.
- Si invirtiéramos el doble en publicidad aumentaríamos al doble nuestras ventas.
- Háblale en monosílabos y él te entenderá.
- Tú me haces sentir pésimo.
- $2 + 2 = 4$
- Todos los criminales deben ir a la cárcel.
- Desarrollaremos tests para detectar gente creativa.
- Si él me hubiera escuchado me hubiera entendido.
- Todo tiempo pasado fue mejor.
- Habría que acabar con todos los viñedos para acabar de una vez por todas con el alcoholismo.
- De lo que no se puede hablar es mejor callar.

---

## Discusión

La discusión deberá centrarse en las siguientes preguntas:

- ¿Cuál es la importancia de los supuestos para la persuasión?
- ¿Por qué debemos desarrollar supuestos?
- ¿Qué valor tiene cuestionarse los supuestos?
- ¿Cómo operan los supuestos no cuestionados?
- ¿En qué medida es persuasivo cuestionar los supuestos del oyente?
- ¿Qué tipo de consecuencias pueden tener los supuestos en nuestro comportamiento?
- ¿No será la realidad un tejido de supuestos nunca cuestionados?

# *Lo Verosímil II*

## Objetivo
El propósito de este juego es contrastar grupalmente aquella evidencia que el oyente necesita para ser persuadido por el orador de que algo es verosímil. Puede intervenir cualquier número de participantes y el tiempo de duración es de sesenta minutos aproximadamente.

## Procedimiento
- Dividir a los participantes en grupos de cuatro personas.
- Suministrar a cada grupo la hoja de trabajo.
- Cada participante del grupo deberá leer en voz alta una afirmación a la vez.
- El grupo deberá discutir en conjunto la(s) evidencia(s) que necesitaría para ser persuadido de que dicho enunciado es verdadero.
- No se trata de llegar a un acuerdo sino que de discutir abiertamente cada evidencia propuesta.

Luego de haber discutido todos los supuestos los diferentes grupos se reúnen y contrastan sus apreciaciones entre sí.

---

### Hoja de trabajo

- Hay 10 sillas en esta sala.
- Todos los hombres son iguales.
- 3 x 3 = 9
- Colón descubrió América en 1492.
- El arte moderno no tiene sentido.
- La seguridad es más importante que la felicidad.
- El hombre es un producto de la evolución de las especies.
- El agua hierve a 100 grados Celsius.
- La población de Chile se duplicará dentro de los próximos ochenta años.
- El hombre llegó a la luna.
- Los hombres manejan mejor que las mujeres.
- Jesús existió.
- Libia tiene la bomba atómica.
- Hay un cuadro de Picasso en la sala del lado.
- Pedro es un genio.
- La tercera guerra mundial ya comenzó.

- La vida no tiene valor alguno.
- Francisca es hermosa.
- Diego no tiene talento artístico.
- Hitler se suicidó cuando ocuparon Berlín.
- La reencarnación existe.

## Discusión

La discusión deberá centrarse en las siguientes preguntas:

- ¿Qué tipo de evidencia necesita para creer en algo?
- ¿Es necesario ver un evento para creer que ocurrió?
- ¿Es posible el consenso en torno a la evidencia requerida?
- ¿Cuál es la diferencia entre una evidencia y una prueba?
- ¿Hay enunciados más verosímiles que otros? ¿Cuáles? ¿Porqué?
- ¿La evidencia nos permite concluir algo?
- ¿Condenaría usted a alguien a muerte basándose en el tipo de evidencia que usted necesita para creer ciertas afirmaciones?
- ¿Cómo resuelve usted la evidencia contradictoria?
- ¿Qué tipo de evidencia es más persuasiva?
- Dé ejemplos de los diferentes tipos de evidencia empleados: indicios seguros, signos, lo verosímil.
- ¿No será la realidad una cadena de evidencia nunca cuestionada?

# *Razonando I*

## Objetivo

El propósito de este juego es ejercitarse en el arte del razonamiento. Puede intervenir cualquier número de participantes y el tiempo de duración es de cuarenta y cinco minutos aproximadamente.

## Procedimiento

- Suministrar a cada participante la hoja de trabajo 1 que deberá ser respondida individualmente.
- Una vez que todos hayan terminado el profesor proporcionará las conclusiones correctas de acuerdo a la hoja de respuestas 1, las cuales serán discutidas en grupo.
- Repetir el mismo procedimiento con las hojas de trabajo 2 y 3.

---

### Hoja de trabajo 1

Pares de proposiciones concretas propuestas como premisas. Hay que encontrar su conclusión.

1. Algunos judíos son ricos;
   Todos los esquimales son gentiles.
2. Todas las avispas son hoscas;
   Todas las criaturas hoscas son mal acogidas.
3. Todos los canarios bien nutridos cantan con potencia;
   Ningún canario se siente melancólico si canta con potencia.
4. Ningún país que haya sido explorado está infestado de dragones;
   Los países inexplorados son fascinantes.
5. Ningún cuadrúpedo sabe silbar;
   Algunos cuadrúpedos son gatos.
6. Los pelmazos son terribles;
   Usted es un pelmazo.
7. Algunas ostras son silenciosas;
   Las criaturas no silenciosas son divertidas.
8. Algunos sueños son terribles;
   Ningún borrego es terrible.
9. Ninguna pesadilla es agradable;
   Las experiencias desagradables no se buscan con avidez.
10. Ningún bogavante es irrazonable;
   Ninguna criatura razonable espera imposibles.
11. A todos los abstemios les gusta el azúcar;
   Ningún ruiseñor bebe vino.

---

**Hoja de trabajo 2**

Tríos de proposiciones concretas propuestas como silogismos. Averigüe si las conclusiones son correctas.

1. Ningún fósil puede estar traspasado de amor;
   Una ostra puede estar traspasada de amor.
   Las ostras no son fósiles.
2. Todos los leones son fieras;
   Algunos leones no beben café.
   Algunas criaturas que beben café no son fieras.
3. "Lo ví en un periódico";
   "Todos los periódicos dicen mentiras".
   Era una mentira.
4. Un hombre prudente rehúye las hienas;
   Ningún banquero es imprudente.
   Ningún banquero deja de rehuir las hienas.
5. Algunas almohadas son blandas;
   Ningún atizador es blando.
   Algunos atizadores no son almohadas.
6. Ningún pájaro, excepto los pavos reales, se pavonea de su cola;
   Algunos pájaros que se pavonean de sus colas no saben cantar.
   Algunos pavos reales no saben cantar.
7. Ninguna rana es poética;
   Algunos ánades están desprovistos de poesía.
   Algunos ánades no son ranas.
8. Toda águila puede volar;
   Algunos cerdos no pueden volar.
   Algunos cerdos no son águilas.

**Hoja de trabajo 3**

Conjuntos de proposiciones concretas propuestas como premisas de un sorites. Encontrar las conclusiones.

1

(1) Los niños son ilógicos;

(2) Nadie que sepa manejar un cocodrilo es despreciado;

(3) Las personas ilógicas son despreciadas.

**2**

(1) No hay judíos en la cocina;

(2) Ningún gentil dice "shpoonj";

(3) Todos mis sirvientes están en la cocina.


**3**

(1) Ningún ánade baila el vals;

(2) Ningún oficial declina nunca una invitación a bailar el vals;

(3) Todas mis aves de corral son ánades.


**4**

(1) Ningún perro Terrier corretea entre los signos del zodiaco;

(2) Nada que no corretee entre los signos del zodiaco es un cometa;

(3) Nadie sino un Terrier tiene una cola rizada.


**5**

(1) Los perrillos que no están quietos se muestran siempre agradecidos por el préstamo de una comba;

(2) Un perrillo cojo no le diría a usted "gracioso" si le ofreciera en préstamo una comba;

(3) Nadie salvo los perrillos cojos se preocupa nunca por hacer labor de estambre.


**6**

(1) Nadie que aprecie realmente a Beethoven deja de guardar silencio cuando se está interpretando la sonata "Claro de Luna";

(2) Los conejillos de Indias son desesperadamente ignorantes en cuestiones musicales;

(3) Nadie que sea desesperadamente ignorante en cuestiones musicales guarda nunca silencio cuando se está interpretando la sonata "Claro de Luna".


**7**

(1) Ningún gatito al que le guste el pescado es embrutecible;

(2) Ningún gatito sin cola jugará con un gorila;

(3) A los gatitos con bigotes les gusta el pescado;

(4) Ningún gatito embrutecible tiene ojos verdes; Ningún gatito tiene cola a menos que tenga bigotes.

**8**

(1) Todos los animales que no cocean son flemáticos;

(2) Los asnos no tienen cuernos;

(3) Un búfalo puede siempre lanzarlo a uno contra una puerta;

(4) Ningún animal que cocea es fácil de engullir;

(5) Ningún animal sin cuernos puede lanzarlo a uno contra una puerta;

(6) Todos los animales son excitables, excepto los búfalos.

**9**

(1) Los animales se irritan siempre mortalmente si no les presto atención;

(2) Los únicos animales que me pertenecen a mí están en ese prado;

(3) Ningún animal puede adivinar un acertijo a menos que haya sido adecuadamente instruido en un colegio con internado;

(4) Ningún animal de los que están en este prado es un tejón;

(5) Cuando un animal está mortalmente irritado corre de un lado para otro salvajemente y gruñe;

(6) Nunca presto atención a un animal, a no ser que me pertenezca;

(7) Ningún animal que haya sido adecuadamente instruido en un colegio con internado corre de un lado para otro salvajemente y gruñe.

**10**

(1) Los únicos animales que hay en esta casa son gatos;

(2) Todo animal aficionado a contemplar la luna es digno de mimo;

(3) Cuando yo detesto a un animal, lo rehúyo;

(4) Ningún animal que no merodee de noche es carnívoro;

(5) Ningún gato deja de matar ratones;

(6) Ningún animal la toma conmigo, excepto los que están en esta casa;

(7) Los canguros no son dignos de mimo;

(8) Sólo los carnívoros matan ratones;

(9) Detesto a los animales que no la toman conmigo;

(10) Los animales que merodean de noche son siempre aficionados a contemplar la luna.

11

(1) Nadie que se disponga a ir a una fiesta deja de cepillarse el cabello;

(2) Nadie parece fascinante si va desaliñado;

(3) Los consumidores de opio no tienen dominio de sí mismos;

(4) Todo el que ha cepillado su cabello parece fascinante;

(5) Nadie usa guantes de cabrito blanco a menos que vaya a una fiesta;

(6) Un hombre está siempre desaliñado si no tiene dominio de sí mismo.

## Hoja de respuesta 1

1. Algunas personas ricas no son esquimales.
2. Todas las avispas son mal acogidas.
3. Todos los canarios bien nutridos son joviales.
4. No hay ningún país infestado de dragones que no sea fascinante.
5. Algunos gatos no saben silbar.
6. Usted es terrible.
7. Algunas ostras no son divertidas.
8. Algunos sueños no son borregos.
9. Ninguna pesadilla se busca con avidez.
10. Ningún bogavante espera imposibles.
11. A ningún ruiseñor le disgusta el azúcar.

## Hoja de respuesta 2

1. Conclusión correcta.
2. Conclusión incorrecta. La correcta es "algunas criaturas fieras no beben café".
3. Conclusión incorrecta. La correcta es "la publicación en la que lo ví dice mentiras".
4. Conclusión correcta.
5. Conclusión incorrecta. La correcta es "algunas almohadas no son atizadores".
6. Conclusión correcta.
7. No hay conclusión. Es un ejemplo de falacia.
8. Conclusión correcta.

<hr>

## Hoja de respuesta 3

1. Los niños no saben manejar cocodrilos.
2. Mis sirvientes no dicen nunca "shpoonj".
3. Mis aves de corral no son oficiales.
4. Ningún cometa tiene una cola rizada.
5. Los perrillos que no están quietos no se preocupan nunca por hacer labor de estambre.
6. Ningún conejillo de Indias aprecia realmente a Beethoven.
7. Ningún gatito de ojos verdes jugará con un gorila.
8. Los asnos no son fáciles de engullir.
9. Ningún tejón puede adivinar un acertijo.
10. Yo siempre rehúyo a un canguro.
11. Los consumidores de opio no usan guantes de cabrito blanco.

## Discusión

- La discusión deberá centrarse en los razonamientos falaciosos que pueden generarse a partir de conjuntos de premisas confusos.
- Describir situaciones en que este tipo de razonamiento es comúnmente empleado.
- Analizar críticamente los métodos de razonamiento propios y la validez de sus conclusiones.

# *Razonando II*

## Objetivo

El propósito de este juego es ejercitarse en el arte del razonamiento. Puede intervenir cualquier número de participantes y el tiempo de duración es de noventa minutos aproximadamente.

## Procedimiento

- Suministrar a cada participante la hoja de trabajo que deberá ser respondida individualmente.
- Una vez que todos hayan terminado el profesor proporcionará las soluciones contenidas en la hoja de respuesta.

---

### Hoja de trabajo

A. LA ISLA DE LOS CABALLEROS Y LOS BRIBONES.

En una pequeña isla de los mares nórdicos existen ciertos habitantes llamados "caballeros" que siempre dicen la verdad, y otros llamados "bribones" que siempre mienten. Cada habitante de la isla o es un caballero o es un bribón. De acuerdo a estas premisas responda los siguientes problemas.

1. Tres habitantes -A, B y C- estaban reunidos en un jardín. Un extraño que pasaba preguntó a A, "¿es usted un caballero o un bribón?", mas no pudo entender la respuesta de A. El extraño preguntó entonces a B, "¿qué dijo A?", y B respondió: "A dijo que él es un bribón". C intervino entonces arguyendo: "¡no le crea a B, pues está mintiendo!".
   ¿Qué son B y C?

2. Suponga que el extraño, en lugar de preguntarle a A qué es él, le preguntara: "¿cuántos caballeros hay entre ustedes?". Nuevamente A responde indescifrablemente y el extraño le pregunta a B: "¿qué dijo A?". B replica: "A dijo que hay un caballero entre nosotros". Y entonces C dice: "¡no le crea a B, pues está mintiendo!".
   ¿Qué son B y C?

3. A y B están reunidos. A hace la siguiente afirmación: "al menos uno de nosotros es un bribón".
   ¿Qué son A y B?

---

4. Suponga que A dice: "o bien yo soy un bribón o B es un caballero". ¿Qué son A y B?

5. Suponga que A dice: " o bien yo soy un bribón o 2 + 2 = 5". ¿Qué concluiría usted?

6. A, B y C están reunidos. A y B hacen las siguientes afirmaciones:
A: Todos nosotros somos bribones.
B: Exactamente uno de nosotros es un caballero.
¿Qué son A, B y C?

7. Suponga en cambio que A y B dicen lo siguiente:
A: Todos nosotros somos bribones.
B: Exactamente uno de nosotros es un bribón.
¿Se puede determinar lo que es B? ¿Se puede determinar lo que es C?

8. Suponga que A dice: "yo soy un bribón, pero B no lo es". ¿Qué son A y B?

9. Tenemos nuevamente tres habitantes -A, B y C. Se dice que dos personas son del mismo tipo si ambos son caballeros o ambos son bribones. A y B hacen las siguientes afirmaciones:
A: B es un bribón.
B: A y C son del mismo tipo.
¿Qué es C?

10. Suponga que A dice: "B y C son del mismo tipo". Alguien pregunta entonces a C: "¿son A y B del mismo tipo?
¿Qué contesta C?

B. CABALLEROS, BRIBONES Y NORMALES.
Supongamos ahora que tenemos caballeros que siempre dicen la verdad; bribones que siempre mienten; y normales que a veces mienten y a veces dicen la verdad. De acuerdo a esta premisa responda los siguientes problemas:

11. A, B y C están reunidos. Uno de ellos es un caballero, otro un bribón y otro un normal. Ellos hacen uno tras otro las siguientes afirmaciones:
A: Yo soy normal.
B: Eso es verdad.
C: Yo no soy el normal.
¿Qué son A, B y C?

12. Dos personas, A y B, cada una de las cuales es ya sea un caballero, un bribón o un normal, hacen las siguientes afirmaciones:

    A: B es un caballero.

    B: A no es un caballero.

    Pruebe que al menos uno de ellos está diciendo la verdad, pero no es un caballero.

13. Ahora A y B dicen lo siguiente:

    A: B es un caballero.

    B: A es un bribón.

    Pruebe que o bien uno de ellos está diciendo la verdad, pero no es un caballero, o uno de ellos está mintiendo, pero no es un bribón.

---

**Hoja de respuesta**

1. B es un bribón y C es un caballero.
2. B es un bribón y C es un caballero.
3. A es un caballero y B es un bribón.
4. A y B son ambos caballeros.
5. El autor de este problema no es un caballero.
6. A es un bribón, B es un caballero y C es un bribón.
7. C es un caballero.
8. A y B son bribones.
9. C es un bribón.
10. C contesta "sí".
11. A es un bribón, B es un normal y C es un caballero.
12. Sólo se puede probar que al menos uno de ellos es normal y está diciendo la verdad, pero no se puede determinar si es A o B.
13. Si B está diciendo la verdad entonces no es un caballero y si está mintiendo entonces A es un normal que está mintiendo.

## Discusión

- La discusión deberá centrarse en las dificultades para desarrollar un razonamiento lógico riguroso.
- ¿Qué tipo de obstáculos se presentan?
- ¿En qué situaciones y en qué medida somos persuadidos por deducciones poco rigurosas que somos incapaces de contrastar?
- Piense cómo resuelve la información contradictoria en un rumor.

# *Razonando III*

## Objetivo

El propósito de este juego es ejercitarse en el arte del razonamiento. Puede intervenir cualquier número de participantes y el tiempo de duración es de veinte minutos aproximadamente.

## Procedimiento

- Suministrar la hoja de trabajo que deberá ser respondida en forma individual.
- Una vez que todos hayan terminado el profesor proporcionará las respuestas correctas contenidas en la hoja de respuesta. A continuación éstas serán discutidas grupalmente.

---

### Hoja de trabajo 1

1. La semana pasada conseguí apagar la luz de mi dormitorio y meterme en la cama antes de que la habitación quedase a oscuras. Hay tres metros desde la cama al interruptor de la luz. ¿Cómo pude hacerlo?
2. Siempre que mi tía viene a visitarme a mi departamento tiene que bajar del ascensor cinco pisos antes, y subir andando por la escalera hasta mi departamento. ¿Podría explicar por qué?
3. ¿Qué palabra de uso común comienza con ING, termina por IO y contiene las letras EN?
4. Una noche, aunque mi tío estaba leyendo un libro apasionadamente, su mujer le apagó la luz. La sala estaba oscura como el carbón, pero mi tío siguió leyendo sin inmutarse. ¿Cómo es posible?
5. Esta mañana se me cayó un aro en el café. Y, aunque la taza estaba llena, el aro no se mojó. ¿Cómo puede ser esto?
6. A mi padre, que iba sin paraguas ni sombrero, ayer lo pilló un chaparrón. La ropa se le empapó, pero pese a llevar la cabeza descubierta, no se mojó ni un pelo. ¿Cómo se explica?
7. En una línea de ferrocarril el tendido tiene doble vía excepto en un túnel, que no es lo bastante ancho para acomodar ambas. Por ello en el túnel es de vía simple. Una tarde entró un tren en el túnel marchando en un sentido, y otro tren entró

---

en el mismo túnel, pero en sentido contrario. Ambos iban a toda velocidad, sin embargo, no llegaron a chocar. Explíquelo.

8. "Este lorito es capaz de repetir todo lo que oiga", le aseguró a la señora el dueño de la tienda de animales, pero una semana después la señora que lo compró estaba de vuelta en la tienda, protestando porque el lorito no decía ni una sola palabra. Y, sin embargo, el vendedor no había mentido. ¿Podrá usted explicarlo?

9. Una botella de vino, tapada con un corcho está llena hasta la mitad. ¿Qué podemos hacer para beber el vino sin sacar el corcho ni romper la botella?

## Hoja de respuesta

1. Al analizar este problema, casi todos hacen la hipótesis innecesaria de que era de noche. Nada de esto se dice en el problema. La habitación no quedó a oscuras, porque era de día.

2. La hipótesis implícita es que la tía es de estatura normal. En realidad, es una enana que no alcanza a apretar el botón del piso de su sobrina.

3. La hipótesis implícita es que se trata de un problema de fuga de letras. No hay tal. La palabra es INGENIO.

4. Presunción falsa es que solamente podemos leer con la vista. Pero el lector era ciego y el libro escrito en Braille.

5. La presunción errónea es que café significa "café líquido". Pero si el aro cayó en una taza de café en grano no es milagro que siguiera seco.

6. La presunción falsa es que el padre tuviera pelo. El padre está completamente calvo, y no tiene pelos que puedan mojársele.

7. La presunción falsa es que ambos trenes pasaron a la misma hora por el túnel. Un tren pasó por el túnel una hora después que el otro.

8. La presunción errónea es que el loro podía escuchar. El loro era sordo.

9. La presunción errónea es que para destapar una botella hay que sacarle el corcho. Se hunde el corcho en la botella.

## Discusión

- La discusión deberá centrarse básicamente en los supuestos errados que nos impiden razonar acertadamente.
- Describir situaciones en que este tipo de supuestos se halla presente.
- Analizar, críticamente, algunos supuestos personales que impiden razonar adecuadamente.

# Capítulo 3

# Teoría de la Información

A partir de la acelerada difusión y especialización que experimentan los medios de comunicación en el procesamiento y transmisión de información durante la primera mitad de nuestro siglo, se desarrolla el primer modelo científico del proceso de comunicación conocido como la Teoría de la Información o Teoría Matemática de la Comunicación. Específicamente, se desarrolla en el área de la telegrafía donde surge la necesidad de determinar, con la máxima precisión, la capacidad de los diferentes sistemas de comunicación para transmitir información.

La primera formulación de las leyes matemáticas que gobiernan dicho sistema fue realizada por Hartley (1928) y sus ideas son consideradas actualmente como la génesis de la Teoría de la Información. Posteriormente, Shannon y Weaver (1949) desarrollaron los principios definitivos de esta teoría. Su trabajo se centró en algunos de los siguientes problemas que surgen en los sistemas destinados a manipular información: cómo hallar los mejores métodos para utilizar los diversos sistemas de comunicación; cómo establecer el mejor método para separar las señales del ruido; y cómo determinar los límites posibles de un canal[1].

El concepto de comunicación en el contexto de la Teoría de la Información es empleado en un sentido muy amplio en el que "quedan incluidos todos los procedimientos mediante los cuales una mente puede influir en otra"[2]. De esta manera, se consideran todas las formas

---

[1] Shannon C. E., Information Theory. *Encyclopaedia Britannica* U.S.A., 1965.
[2] Weaver W., La Teoría Matemática de la Comunicación. En: A. C. Smith (Comp.) *Comunicación y Cultura*. Nueva Visión, Bs. As., 1972.

que el hombre utiliza para transmitir sus ideas: la palabra hablada, escrita o transmitida (teléfono, radio, telégrafo, etc.), los gestos, la música, las imágenes, los movimientos, etc.

En el proceso de comunicación es posible distinguir por lo menos tres niveles de análisis diferentes: el técnico, el semántico y el pragmático. En el nivel técnico se analizan aquellos problemas que surgen en torno a la fidelidad con que la información puede ser transmitida desde el emisor hasta el receptor. En el semántico se estudia todo aquello que se refiera al significado del mensaje y su interpretación. Por último, en el nivel pragmático se analizan los efectos conductuales de la comunicación, la influencia o efectividad del mensaje en tanto da lugar a una conducta. Es importante destacar que la Teoría de la Información se desarrolla como una respuesta a los problemas técnicos del proceso de comunicación, aun cuando sus principios puedan aplicarse en otros contextos.

## Modelo de comunicación

El modelo comunicacional desarrollado por Shannon y Weaver se basa en un sistema de comunicación general que puede ser representado de la siguiente manera:

### SISTEMA GENERAL DE COMUNICACIÓN

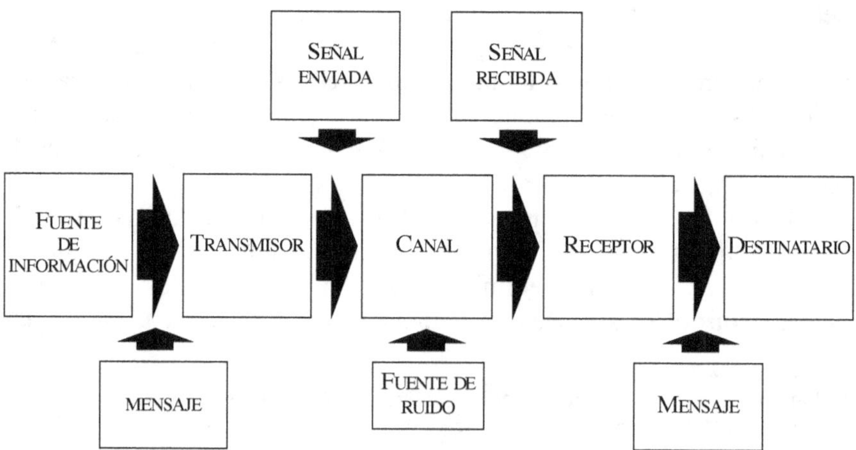

FUENTE DE INFORMACIÓN: selecciona el mensaje deseado de un conjunto de mensajes posibles.

TRANSMISOR: transforma o codifica esta información en una forma apropiada al canal.

SEÑAL: mensaje codificado por el transmisor.

CANAL: medio a través del cual las señales son transmitidas al punto de recepción.

FUENTE DE RUIDO: conjunto de distorsiones o adiciones no deseadas por la fuente de información que afectan a la señal. Pueden consistir en distorsiones del sonido (radio, teléfono), distorsiones de la imagen (TV), errores de transmisión (telégrafo), etc.

RECEPTOR: decodifica o vuelve a transformar la señal transmitida en el mensaje original o en una aproximación de éste haciéndolo llegar a su destino.

Este sistema de comunicación es lo suficientemente amplio como para incluir los diferentes contextos en que se da la comunicación (conversación, TV, danza, etc.). Tomemos como ejemplo lo que ocurre en el caso de la radio. La fuente de información corresponde a la persona que habla por el micrófono. El mensaje son las palabras y sonidos que esta persona emite. El micrófono y el resto del equipo electrónico constituyen el transmisor que transforma este mensaje en ondas electromagnéticas, las cuales corresponden a la señal. El espacio que existe entre las antenas transmisoras y receptoras es el canal, mientras que lo que altera la señal original constituye la fuente de ruido. El aparato de radio de cada hogar es el receptor y el sonido que éste emite corresponde al mensaje recobrado. Las personas que escuchan este mensaje radial son los destinatarios[1].

También podemos ejemplificar esto mediante este artículo que usted está leyendo en este momento. En este caso, nuestros cerebros son la fuente de información y nuestros pensamientos, el mensaje. La máquina de escribir constituye el transmisor que transforma nuestros pensamientos en lenguaje escrito, el cual corresponde a la señal. El papel es el canal y cualquier error de tipeo o puntuación, manchas, espacios en blanco, etc., constituyen la fuente de ruido. Por último, usted que está leyendo este ejemplo es a la vez el receptor y destinatario que a través de la lectura recobra el mensaje por nosotros enviado.

Es importante considerar que el problema del significado del mensaje no es relevante en este contexto. El interés principal de la Teoría de la Información lo constituye todo aquello relacionado con la capacidad y fidelidad para transmitir información de los diferentes sistemas de comunicación. En el ejemplo anterior, el mensaje podría haber consistido en una secuencia de letras carentes de todo significado e igualmente el problema de cuánta información es transmitida estaría presente. En un sentido amplio, la Teoría de la Información trata acerca de la cantidad de información que es transmitida por la fuente al receptor al enviar un determinado mensaje, sin considerar el significado o propósito de dicho mensaje. No interesa tanto la pregunta "¿Qué tipo de información?", sino más bien "¿Cuánta información?" es la que transmite la fuente[2].

## Información

Antes de analizar lo que se refiere a la capacidad y fidelidad de un canal determinado para transmitir información, es necesario que precisemos los alcances de este último concepto. El concepto de información es definido en términos estrictamente estadísticos, bajo el supuesto que puede ser tratado de manera semejante a como son tratadas las cantidades físicas como la masa y la energía. La palabra "información" no está relacionada con lo que decimos, sino más bien, con lo que podríamos decir. El concepto de información se relaciona con la libertad de elección que tenemos para seleccionar un mensaje determinado de un conjunto de posibles mensajes. Si nos encontramos en una situación en la que tenemos que elegir entre dos únicos mensajes posibles, se dice, de un modo arbitrario, que la información correspondiente a esta situación es la unidad. La Teoría de la Información, entonces, conceptualiza el término información como el grado de libertad de una fuente para elegir un mensaje de un conjunto de posibles mensajes[2].

El concepto de información supone la existencia de duda o incertidumbre. La incertidumbre implica que existen diferentes alternativas que deberán ser elegidas, seleccionadas o discriminadas. Las alternativas se refieren a cualquier conjunto de signos construidos para comunicarse, sean éstos letras, palabras, números, ondas, etc. En este contexto, las señales contienen información en virtud de su potencial para hacer elecciones. Estas señales operan sobre las alternativas que conforman la incertidumbre del receptor y proporcionan el poder para seleccionar o discriminar entre algunas de estas alternativas[3].

---

[3] Cherry C., *On Human Communication*. MIT Press, U.S.A., 1966.

Se asume que en los dos extremos del canal de comunicación -fuente y receptor- se maneja el mismo código o conjunto de signos. La función de la fuente de información será seleccionar sucesivamente aquellas señales que constituyen el mensaje y luego transmitirlas al receptor mediante un determinado canal.

Existen diversos tipos de situaciones de elección. Las más sencillas son aquellas en que la fuente escoge entre un número de mensajes concretos. Por ejemplo, elegir una entre varias postales para enviarle a un amigo. Otras situaciones más complejas son aquellas en que la fuente realiza una serie de elecciones sucesivas de un conjunto de símbolos elementales tales como letras o palabras. En este caso, el mensaje estará constituido por la sucesión de símbolos elegidos. El ejemplo más típico aquí es el del lenguaje.

Al medir cuánta información proporciona la fuente al receptor al enviar un mensaje, se parte del supuesto que cada elección está asociada a cierta probabilidad, siendo algunos mensajes más probables que otros. Uno de los objetivos de esta teoría es determinar la cantidad de información que proporciona un mensaje, la cual puede ser calculada a partir de su probabilidad de ser enviada.

El tipo de elección más simple es el que existe entre dos posibilidades, en que cada una tiene una probabilidad de 1/2 (0,5). Por ejemplo, al tirar una moneda al aire ambas posibilidades -cara y sello- tienen la misma probabilidad de salir. El caso del lenguaje e idioma es diferente. En éstos la elección de los símbolos que formarán el mensaje dependerá de las elecciones anteriores. Por ejemplo, si en el idioma español el último símbolo elegido es "un", la probabilidad que la siguiente palabra sea un verbo es bastante menor que la probabilidad que sea un sustantivo o un adjetivo. Asimismo, la probabilidad que a continuación de las siguientes tres palabras "el esquema siguiente" aparezca el verbo "representa" es bastante mayor que la probabilidad que aparezca "pera". Incluso se ha comprobado que, en el caso del lenguaje, es posible seleccionar aleatoriamente letras que luego son ordenadas según sus probabilidades de ocurrencia y éstas tienden a originar palabras dotadas de sentido.

## Principios de la medición de información

De acuerdo a estas consideraciones probabilísticas es posible establecer un primer principio de la medición de información. Éste establece que mientras más probable sea un mensaje menos información proporcionará. Esto puede expresarse de la siguiente manera [4]:

$$I(x_i) > I(x_k) \text{ si y sólo si } p(x_i) < p(x_k)$$

Donde $I(x_i)$: cantidad de información proporcionada por $x_i$

$p(x_i)$: probabilidad de $x_i$

De acuerdo a este principio, es la probabilidad que tiene un mensaje de ser enviado y no su contenido, lo que determina su valor informativo. El contenido sólo es importante en la medida que afecta la probabilidad. La cantidad de información que proporciona un mensaje varía de un contexto a otro, porque la probabilidad de enviar un mensaje varía de un contexto a otro.

Un segundo principio que guarda relación con las elecciones sucesivas establece que si son seleccionados los mensajes X e Y, la cantidad de información proporcionada por ambos mensajes será igual a la cantidad de información proporcionada por X más la cantidad de información proporcionada por Y, dado que X ya ha sido seleccionada. Esto puede ser expresado así [4]:

$$I(x_i \text{ e } y_j) = f\,p(x_i) + f\,p(y_j/x_i)$$

donde $I(x_i \text{ e } y_j)$ : cantidad de información proporcionada
por los mensajes $x_i$ e $y_j$
$f$ : función
$p(x_i)$ : probabilidad de $x_i$
$p(y_j/x_i)$ : probabilidad de $y_j$ dado que $x_i$ ha sido
seleccionado.

## Unidad de información

Una vez que hemos seleccionado el mensaje expresado en un lenguaje determinado es posible transcribirlo a un código de tipo binario. Éste consta de sólo dos tipos de señales que indican Sí o No, y que generalmente se codifican como 1 o 0. La cantidad de información proporcionada por cada elección entre dos alternativas posibles constituye la unidad básica de información, y se denomina dígito binario, o abreviadamente bit[1].

---

[4] Coombs C. H., Dawes R. H. y Tversky A., *Introducción a la Psicología Matemática*. Alianza, Madrid, 1981.

La elección existente al tener un bit de información puede ser esquematizada de la siguiente manera:

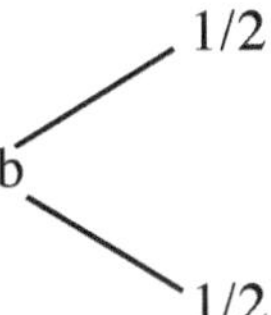



En la elección (b) tanto la línea superior como la inferior, es decir ambas posibilidades, pueden ser elegidas con la misma probabilidad de 1/2.

Si existen N posibilidades, todas igualmente probables, la cantidad de información será igual a $Log_2 N$. Es, entonces, el $Log_2 N$ la función matemática que nos indicará la cantidad de bits de información de una situación determinada. Esto puede esquematizarse de la siguiente manera:

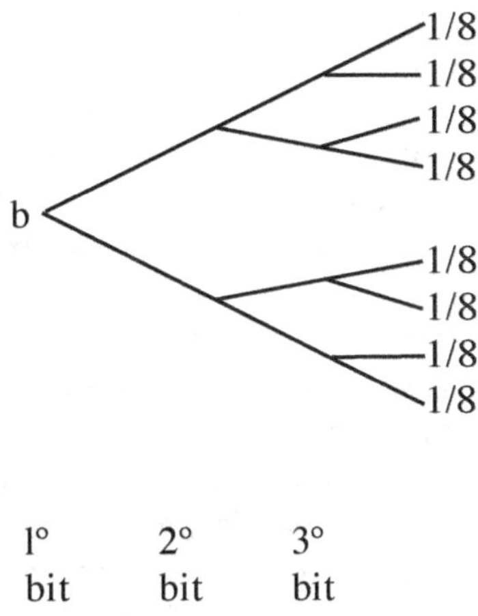



La figura nos muestra una situación con 8 posibilidades, cada una con una misma probabilidad de 1/8. Para poder determinar una posibilidad específica de estas 8, la elección requiere como mínimo 3 etapas, cada una de las cuales arroja un bit de información. El primer bit corresponde a la elección entre las primeras cuatro o segundas cuatro posibilidades. El segundo bit corresponde al primer o segundo par de las 4 posibilidades ya elegidas. El último bit determina el primer o segundo miembro del par y especifica la posibilidad elegida. Como vemos, el número de bits que se requieren en esta situación para determinar una posibilidad específica es de 3, lo que corresponde al $Log_2 8$.

Veamos ahora algunos ejemplos de lo recién expuesto:[3]

| Signo | Elecciones | | |
| | 1ª | 2ª | 3ª |
| --- | --- | --- | --- |
| A | 1 | 1 | 1 |
| B | 1 | 1 | 0 |
| C | 1 | 0 | 1 |
| D | 1 | 0 | 0 |
| E | 0 | 1 | 1 |
| F | 0 | 1 | 0 |
| G | 0 | 0 | 1 |
| H | 0 | 0 | 0 |

Esta figura nos muestra un alfabeto compuesto por sólo 8 signos. Pensemos que una fuente de información selecciona un signo y de alguna manera se lo señala al receptor. La pregunta sería entonces, ¿cuánta información deberá conocer el receptor para identificar correctamente el signo escogido?

Asumamos que a partir de elecciones anteriores sabemos que cada uno de los 8 signos tiene la misma probabilidad de ser seleccionado. La incertidumbre, entonces, se ha repartido uniformemente sobre nuestro "alfabeto", o lo que es lo mismo, las probabilidades a priori de los signos son iguales; en este caso 1/8.

Las señales que llegan al receptor representan instrucciones para seleccionar alternativas. La primera instrucción responde a la pregunta ¿está en la primera mitad del alfabeto, sí o no? (en la figura, sí = 1 y no = 0). La respuesta nos proporciona un bit de información y reduce el rango de incertidumbre exactamente a la mitad. Luego, una segunda instrucción divide cada mitad nuevamente en la mitad y, una tercera instrucción, otra vez en la mitad. En este caso, bastan tres simples instrucciones Sí - No (1-0) para identificar un signo cualquiera de un total de ocho. La letra F, por ejemplo, podría ser identificada de la siguiente manera: 010. La respuesta a nuestra pregunta es entonces, ¡el receptor deberá obtener tres bits de información para identificar correctamente el signo escogido!

El típico juego de las "Veinte Preguntas" ilustra también algunas de las ideas mencionadas. Este juego consiste en que una persona piensa en un objeto mientras el resto de los jugadores intenta adivinar de qué objeto se trata, haciendo no más de veinte preguntas que sólo pueden ser respondidas Sí o No. De acuerdo a la Teoría de la Información, cada pregunta y su respuesta pueden proporcionar desde ninguna información hasta un bit de información ($Log_2 2$), dependiendo de si las probabilidades de obtener resultados Sí o No son muy desiguales o casi iguales, respectivamente. Para obtener la mayor cantidad de información posible los jugadores deberán hacer preguntas que dividan el conjunto de posibles objetos en dos grupos igualmente probables. Por ejemplo, si mediante preguntas previas se ha establecido que se trata de una ciudad de Chile, una buena pregunta sería "¿Está al sur del río Maipo?". así se dividen las ciudades posibles en dos grupos aproximadamente iguales. La segunda pregunta podría ser "¿Está al sur del río Bío-Bío?". Y así sucesivamente hasta determinar de qué ciudad se trata. Si fuera posible hacer preguntas que tuvieran la propiedad de subdividir las posibilidades existentes en dos grupos relativamente iguales, sería posible identificar mediante veinte preguntas un objeto entre aproximadamente un millón de posibilidades. Esta cifra corresponde a los 20 bits que se requieren para identificarla ($Log_2 1.000.000$).

# Redundancia

No obstante lo anterior, la mayoría de las fuentes de información producen mensajes que no consisten en una única elección entre posibilidades de igual probabilidad, sino en elecciones sucesivas entre posibilidades de probabilidad variable y dependiente. A este tipo de secuencias se les denomina procesos estocásticos. Como ya lo mencionamos, el caso más típico son las letras y palabras que conforman el lenguaje. El escribir en español constituye un proceso de elecciones dependientes. Por ejemplo, al formar una palabra se elige una primera letra de todas las posibles primeras letras con diferentes probabilidades; luego, se elige la segunda letra cuya probabilidad depende de la primera letra seleccionada, y así sucesivamente hasta formar la palabra deseada. Lo mismo ocurre en el caso de las palabras para formar oraciones.

Lo importante aquí es señalar el hecho de que, en la medida que se avanza en la formación de una palabra u oración, el rango de posibles letras o palabras a ser seleccionadas va disminuyendo y la probabilidad de que ciertas letras o palabras específicas sean seleccionadas va aumentando. Dicho de otra forma, tanto la incertidumbre como la información de las últimas letras de una palabra o de las últimas palabras de una oración es menor comparada con las primeras.

La mayoría de los mensajes se constituyen a partir de un número limitado de posibilidades, por ejemplo, sólo 29 letras en el caso de nuestro idioma. Como vimos, la probabilidad de ocurrencia de una de estas posibilidades dentro de un mensaje depende de las posibilidades seleccionadas previamente; por ejemplo, la probabilidad de que ocurra la letra "q" luego de una "p" es 0. Son estos dos hechos los que en conjunto determinan que todo mensaje contenga cierto grado de redundancia. En otras palabras, la redundancia se refiere a que las posibilidades dentro de un mensaje se repiten, y se repiten de una cierta manera predecible. Mientras mayor sea, entonces, la redundancia de un mensaje, menor será su incertidumbre y menor la información que contenga.

El inglés escrito es un tipo de fuente de información que ha sido ampliamente estudiado. Se ha llegado a determinar que la redundancia de la lengua inglesa está muy próxima al 50%. Es decir, al escribir inglés aproximadamente la mitad de las letras y palabras que se emplean dependen de la libre elección de quien escribe, mientras que la otra mitad está determinada por la estructura probabilística del idioma[1].

La redundancia de los idiomas permite que si se pierde una fracción de un mensaje sea posible completarlo en forma muy aproximada al original. Este hecho se puede observar al eliminar varias letras de una oración sin que ello impida al lector completar las omisiones y rehacer la oración. Por ejemplo, en la siguiente frase han sido omitidas las vocales:

CMPLT ST FRS

Otra función importante de la redundancia es que nos permite ahorrar tiempo en la decodificación de los mensajes. Generalmente, no leemos cada una de las letras y palabras que conforman un texto, sino que vamos adivinando lo que viene. En el caso del telégrafo, por ejemplo, podríamos ahorrar tiempo ideando un código poco redundante y transmitiendo el mensaje a través de un canal sin ruido. Sin embargo, cuando el canal utilizado tiene ruido es conveniente no emplear un proceso de codificación que elimine toda la redundancia, pues la redundancia nos ayuda a combatir el ruido. Si se pierde parte del mensaje por el ruido que afecta al canal, la redundancia nos permite rehacer en forma aproximada el mensaje. Por el contrario, la fracción de un mensaje no redundante que se pierde por el ruido es imposible de ser recuperada. La redundancia de los mensajes nos permite, entonces, corregir con facilidad los errores u omisiones que hayan podido ocurrir durante la transmisión.

# Capacidad del canal

Ahora que ya hemos precisado el concepto de información y los conceptos relacionados con él (incertidumbre, bit, redundancia) podemos volver a plantearnos el problema inicial de definir la capacidad de un canal determinado para transmitir información. Dado un canal con una capacidad de C unidades por segundo que recibe señales de una fuente de información de H unidades por segundo, la pregunta es ¿cuánto es el máximo número de bits por segundo que puede ser transmitido a través de este canal? Por ejemplo, un teletipo consta de 32 símbolos posibles que supondremos son empleados con igual frecuencia. Cada símbolo representa entonces 5 bits ($Log_2 32$) de información. De esta forma, si en ausencia total de ruido podemos enviar N símbolos por segundo a través de este canal, entonces podremos enviar 5N bits de información por segundo a través de dicho canal[1].

Son estas dos cantidades, la tasa de transmisión H por la fuente de información y la capacidad C del canal, las que determinan la efectividad del sistema para transmitir información. Si H > C será ciertamente imposible transmitir toda la información de la fuente, no habrá suficiente espacio disponible. Si H ≤ C será posible transmitir la información con eficiencia. La información, entonces, puede ser transmitida por el canal solamente si H no es mayor que C.

El teorema fundamental para un canal sin ruido que transmite símbolos discretos afirma que si se emplea un procedimiento adecuado de codificación para el transmisor es posible conseguir que el ritmo medio de transmisión de símbolos por el canal sea muy próximo a C/H. Por muy perfecto que sea el procedimiento de codificación, dicho ritmo nunca podrá ser mayor de C/H.

Sin embargo, el problema de calcular la capacidad del canal se complica por la presencia de ruido. La presencia de ruido durante la transmisión provocará que el mensaje recibido contenga ciertos errores que contribuirán a aumentar la incertidumbre. Recordemos que la información es una medida del grado de libertad de elección que poseemos al momento de seleccionar un mensaje. Cuanto mayor sea la libertad de elección, mayor será la falta de seguridad en el hecho de que el mensaje enviado sea uno determinado. La incertidumbre será mayor y mayor la cantidad de información posible. De esta forma, si el ruido aumenta la incertidumbre, aumentará la información. Esto parecería indicar que el ruido es beneficioso, puesto que cuando hay ruido, la serial recibida es seleccionada a partir de un mayor conjunto de seriales que las deseadas por el emisor. Sin embargo, la incertidumbre originada por la libertad de elección del emisor es una incertidumbre deseable; la incertidumbre debida a errores por la influencia del ruido es una incertidumbre no deseable.

Para extraer la información útil de la señal recibida es necesario suprimir la ambigüedad introducida por el ruido. Para ello se recurre a un factor de corrección matemático que no entraremos a analizar. El teorema para la capacidad de un canal con ruido se define como el ritmo máximo a que la información útil (incertidumbre total menos la incertidumbre debida al ruido) puede ser transmitida a través del canal[2].

LECTURA SUGERIDA
CHERRY C., *On Human Communication.* MIT Press, U.S.A., 1966.

# *Guía*

Situándose en el marco de referencia general propuesto por la Teoría de la Información, reflexione en torno a las siguientes proposiciones:

- De acuerdo a la Teoría de la Información, la comunicación posee un valor binario: se produce o no se produce.

- La predicción basada en la redundancia es una preferencia aprendida por elegir la respuesta más simple.

- El pensamiento es un proceso estocástico.

- La redundancia es una condición de la vida.

- Comparado con el arte clásico, el arte moderno tiene mayor valor informativo.

- Una buena proposición equilibra incertidumbre y redundancia.

# Capítulo 4

# Juegos Informacionales

# *Clue (Clave)*

## Objetivo

El propósito de este juego es simular una situación en donde el adecuado uso de la incertidumbre e información, junto a un adecuado proceso de codificación, nos permite dar con la solución requerida. Pueden intervenir de tres a seis participantes por juego y el tiempo de duración es de aproximadamente una hora y media.

## Procedimiento

Clue (Clave) constituye un juego de salón que debe ser adquirido en el mercado, por lo cual no detallaremos las instrucciones que contiene. En términos generales, el juego representa, en torno a un tablero, la investigación de un asesinato que debe responder las siguientes preguntas: ¿Quién, dónde y cómo fue asesinado el señor Cadáver? Como en toda situación de incertidumbre, hay que atravesar una serie de etapas en donde se van intercambiando diversos mensajes con determinado nivel informacional hasta llegar a un grado de incertidumbre igual a cero.

## Discusión

La discusión deberá centrarse en el procesamiento de la información.
Contraste y analice las diferentes formas de codificación de cada participante. ¿Cuál fue la más eficaz?
¿Cómo codificó cada participante sus propias respuestas? ¿Y las de los otros participantes? ¿Usó siempre el mismo código?

- Describa maniobras para sembrar la incertidumbre.
- Analice respuestas redundantes que hayan ocurrido durante el juego.
- Pondere el factor azar en el resultado del juego.
- Analice con qué tipo de situaciones de la vida real guarda relación esta simulación.

# *Lenguaje Estocástico*

## Objetivo

Este juego esta diseñado con el propósito de realizar una contrastación empírica de la naturaleza estocástica del lenguaje. Puede intervenir cualquier número de participantes y el tiempo de duración es de cuarenta y cinco minutos aproximadamente.

## Procedimiento

El grupo de participantes deberá confeccionar las letras del alfabeto de acuerdo a la frecuencia que se indica en el punto A de la hoja de trabajo.

- Se reúnen todas las letras y se las coloca en un recipiente.
- En forma sucesiva y al azar se va sacando una letra a la vez y ubicándola una al lado de la otra.
- Luego, mediante cortes arbitrarios en la secuencia de letras formada, se establece el número de palabras con significado que se han formado.
- A continuación se vuelve a repetir el mismo procedimiento con las frecuencias indicadas en el punto B de la hoja de trabajo. Es importante respetar en cada caso la proporción de letras.
- Comparar los resultados.

---

### Hoja de trabajo

A. Confeccione el número de letras que a continuación se indica:

| | | | | | | | |
|---|---|---|---|---|---|---|---|
| A | 8 | G | 8 | M | 8 | S | 8 |
| B | 8 | H | 8 | N | 8 | T | 8 |
| C | 8 | I | 8 | Ñ | 8 | U | 8 |
| CH | 8 | J | 8 | O | 8 | V | 8 |
| D | 8 | K | 8 | P | 8 | X | 8 |
| E | 8 | L | 8 | Q | 8 | Y | 8 |
| F | 8 | LL | 8 | R | 8 | Z | 8 |

B. Confeccione el número de letras que a continuación se indica:

| | | | | | | | |
|---|---|---|---|---|---|---|---|
| A | 28 | D | 20 | B | 2 | J | 2 |
| E | 26 | L | 10 | G | 2 | K | 1 |
| O | 20 | T | 8 | F | 2 | CH | 1 |
| S | 18 | C | 8 | H | 2 | Z | 1 |
| I | 16 | U | 6 | Q | 2 | X | 1 |
| N | 16 | P | 4 | Y | 2 | LL | 1 |
| R | 12 | M | 4 | V | 2 | Ñ | 1 |

## Discusión

- La discusión debe centrarse en las diferencias observadas entre ambos resultados.
- Relacionar éstos con la naturaleza estocástica del lenguaje.

# *Redundancia I*

## Objetivo

El propósito de este juego es realizar una contrastación de la naturaleza redundante del código lingüístico. Puede intervenir cualquier número de participantes y el tiempo de duración es de treinta minutos aproximadamente.

## Procedimiento

- Suministrar a cada participante la hoja de trabajo, la cual deberá ser respondida individualmente,
- Una vez que todos los participantes hayan terminado el profesor dará lectura a la hoja de respuesta y se contrastarán grupalmente los errores.

---

**Hoja de trabajo**

Señores:

La Ley ... la Costumbre ... a ustedes el ... de evaluar las mentes ... que ustedes ejercen ... soberana y ... potestad ... discernimiento. No sé ... si nos reímos.
La credulidad ... las gentes civilizadas, ... y administradores, atribuye a ... psiquiatría una ... ilimitada, sobrenatural. .... caso de la profesión ... ustedes está juzgado ... antemano. ... tenemos ni la menor ... de discutir aquí ... validez de su ciencia, ni ... dudosa existencia de las ... mentales. Pero, por ... cien ... diagnósticos ... los que reina la ... entre el espíritu ... la materia, por ... cien ..., de las cuales solamente ... intentos ... han ... aproximarse al mundo ... espíritu, en el que viven ... de los ... de ... ? Por ejemplo, ¿para ... de ustedes son algo más ... un ... de palabras los ... de un ... las imágenes que ... asedian?

A. Artaud

---

---

**Hoja de respuesta**

Señores:

La Ley y la Costumbre conceden a ustedes el derecho de evaluar las mentes humanas. Se supone que ustedes ejercen esta soberana y temible potestad con discernimiento. No se molesten si nos reímos. La credulidad de las gentes civilizadas, profesores y administradores, atribuye a la psiquiatría una sabiduría ilimitada, sobrenatural. El caso de la profesión de ustedes está juzgado de antemano.

No tenemos ni la menor intención de discutir aquí la validez de su ciencia, ni la dudosa existencia de las enfermedades mentales. Pero por cada cien pretenciosos diagnósticos patogénicos, en los que reina la confusión entre el espíritu y la materia, por cada cien clasificaciones, de las cuales solamente las más vagas se mantienen todavía en cierto uso, ¿cuántos nobles intentos se han hecho de aproximarse al mundo del espíritu, en el que viven tantos de los prisioneros de ustedes? Por ejemplo, ¿para cuántos de ustedes son algo más que un revoltillo de palabras los sueños de un esquizofrénico y las imágenes que le asedian?

A. Artaud

---

## Discusión

- La discusión deberá centrarse en la posibilidad de completar omisiones y corregir errores que nos proporciona la codificación redundante.
- Discutir acerca de las ventajas y desventajas de la redundancia.
- Relacionar la redundancia con la comprensión, retención y aprendizaje del material.
- ¿Qué papel jugó el significado en la tarea de completación?
- Señale otras funciones posibles de la redundancia.
- Elabore un gráfico que relacione redundancia y predicción.
- Posicione la Guía de Teléfonos en términos de redundancia.

# *Redundancia II*

## Objetivo

Este juego está diseñado con el propósito de evaluar el papel del razonamiento y la predicción a partir de patrones redundantes. Puede intervenir cualquier número de participantes y el tiempo de duración es de veinte minutos aproximadamente.

## Procedimiento

- Suministrar a cada participante la hoja de trabajo, la cual deberá responder individualmente.
- Una vez que todos los participantes hayan terminado, el profesor proporcionará las soluciones contenidas en la hoja de respuesta.
- Comentar los errores en una discusión grupal.

---

### Hoja de trabajo

Prediga y anote las tres letras siguientes en las series que están a continuación:

1.  A B X Y C D X Y E F
2.  N Ñ W N Ñ X N Ñ Y N Ñ
3.  P Q P Q R Q R S R S T S T U
4.  C D O P E F Q R C D O P E F Q R C D
5.  A D G J M O R
6.  B B D D F F H H J J
7.  C B A F E D I H G L K
8.  A Z B Y C X D W E V F
9.  B J D A B N L A B J K I S T
10.  A Z U A B C V A Z U W A U Z
11.  N O P O Q A B N P O Q P O B

---

---

**Hoja de respuesta**

```
 1.    X  Y  G
 2.    Z  N  Ñ
 3.    T  U  V
 4.    0  P  E
 5.    U  X
 6.    L  L  M
 7.    J  Ñ  N
 8.    U  G  T
 9.    ¿?
10.    ¿?
11.    ¿?
```

## Discusión

- La discusión deberá centrarse en la relación entre la redundancia y predicción y cómo incide ésta en las diversas áreas del comportamiento humano: ciencia, arte, trabajo, relaciones interpersonales, etc.
- ¿Cuánta redundancia es necesaria para predecir?
- Relacione redundancia e información.
- Discuta la relación entre redundancia deseable y redundancia indeseable. ¿Cuál es el límite entre ambas?
- Piense en objetos redundantes.
- Enumere algunos "ruidos" más comunes que afectan la redundancia.

# *Redundancia III*

## Objetivo
El propósito de este juego es contrastar la redundancia de la comunicación humana. Puede intervenir cualquier número de participantes y el tiempo es variable.

## Procedimiento
Suministrar a cada participante la hoja de trabajo, la cual deberá responder individualmente.
Una vez que todos los participantes hayan terminado contrastarán grupalmente las respuestas e intentarán llegar a un consenso.

---

### Hoja de trabajo

Originalmente, el siguiente constituía un diálogo por teléfono en el que sólo se explicitaba la comunicación de un interlocutor. Ud. deberá hacer explícita la comunicación implícita del otro interlocutor, insertando las posibles afirmaciones de éste último.

Suena el teléfono y Aquiles responde.
Aquiles: Hola, habla Aquiles.
Tortuga:
A: Oh, hola señor T. ¿Cómo está?
T:
A: ¿Una tortícolis? Oh, siento oír eso. ¿Tiene alguna idea de qué pudo haberla causado?
T:
A: ¿Cuánto tiempo estuvo en esa posición?
T:
A: Bueno, no es extraño que esté tieso entonces. ¿Qué diablos lo llevó a mantener su cuello torcido de esa manera durante tanto rato?
T:
A: Muchas de ellas asombrosas, ¿eh? ¿De qué tipos por ejemplo?
T:
A: ¿Qué quiere decir, "bestias fantasmagóricas"?
T:

---

A: ¿No era aterrador ver tantas de ellas al mismo tiempo?
T:

A: ¿Una guitarra? De todas aquellas cosas que podían estar en el medio de todas esas criaturas sobrenaturales. Dígame, ¿no toca Ud. la guitarra?
T:

A: Oh, bueno, a mí me da lo mismo.
T:

A: Tiene razón; me pregunto por qué nunca antes noté esa diferencia entre violines y guitarras. Hablando de tocar violines, ¿qué le parecería venir a escuchar una de las sonatas para solo de violín de su compositor favorito, J. S. Bach? Acabo de comprar una maravillosa grabación de ellas. Todavía no me puedo sobreponer a la forma en que Bach emplea un solo de violín para crear una pieza tan interesante.
T:

A: ¿Esguinces también? Es una vergüenza. Quizá debería irse a la cama.
T:

A: Ya veo. ¿Ha tratado de contar ovejas?
T:

A: Oh, oh, ya veo. Sí, sé perfectamente lo que quiere decir. Bueno, si TANTO lo distrae, tal vez sea mejor que me lo cuente y me deje pensar en ello a mí también.
T:

A: Una palabra con las letras "G", "U", "I", "N", "C" en orden consecutivo ... Hum ... ¿Qué tal fungicida?
T:

A: Verdad, "GUINC" está todo desordenado en esa palabra.
T:

A: ¿Horas de horas? Entonces parece que me estoy metiendo en un largo acertijo. ¿Dónde escuchó esta infernal adivinanza?
T:

A: ¿Quiere decir que se veía como si estuviera meditando en cosas budistas esotéricas, pero en realidad estaba tratando de resolver complejos acertijos de palabras?

A: ¡Ahá!, la culebra sabía lo que su compañero estaba tramando. ¿Cómo llegó a conversar con la culebra?
T:

A: Escuche, una vez oí un acertijo algo parecido a éste. ¿Quiere oírlo o esto lo distraerá aún más?

A: Estoy de acuerdo, no le hace daño a nadie. Aquí está:
¿Qué palabra comienza con las letras "ES" y termina con "ES"?

T:

A: Muy ingenioso; pero eso es casi hacer trampa. No es lo que yo quise decir.

T:

A: Por supuesto que está correcto. Satisface las condiciones, pero es una especie de solución "degenerada". Yo tengo otra solución en mente.

T:

A: ¡Es exactamente eso! ¿Cómo lo resolvió tan rápido?

T:

A: Bueno, éste es un caso donde tener esguinces lo puede haber ayudado realmente en lugar de estorbarlo. ¡Excelente! Pero yo todavía estoy perdido con su acertijo "GUINC".

T:

A: ¡Felicitaciones! ¡Quizás ahora sea capaz de irse a dormir! Así es que dígame, ¿cuál ES la solución?

T:

A: Bueno, normalmente no me gustan las pistas, pero está bien. ¿Cuál es su pista?

T:

A: No sé lo que quiere decir con "figura" y "fondo" en este caso.

T:

A: ¡Por supuesto que conozco el Mosaico II! Conozco TODO sobre la obra de Escher. Después de todo es mi artista favorito. En todo caso tengo una reproducción del Mosaico II en mi pared que puedo observar desde aquí.

T:

A: Sí, veo todos los animales negros.

T:

A: Sí, también veo cómo su "espacio negativo" —lo que es dejado fuera— define a los animales blancos.

T:

A: Así es que ESO es lo que quiere decir con "figura" y "fondo". ¿Pero qué tiene que ver eso con el acertijo GUINC?

T:

A: Oh, es demasiado enredado para mí. Pienso que YO estoy comenzando a tener esguinces.

T:

A: ¿Usted quiere venir ahora? Pero yo pensé ...

T:

A: Muy bien. Quizás para entonces ya haya pensado la respuesta correcta a SU acertijo, usando su pista de "figura" y "fondo", relacionándolo con MI acertijo.

T:

A: Me encantaría tocarlas para usted.

T:

A: ¿Usted ha inventado una teoría acerca de ellas?

T:

A: ¿Acompañado por qué instrumento?

T:

A: Bueno, si ése es el caso, resulta extraño entonces que él no hubiera escrito la parte del clavicordio ni la hubiera publicado.

T:

A: Ya veo, una especie de asunto optativo. Uno podría escucharlas de cualquier manera, con o sin acompañamiento. ¿Pero cómo podría saber uno cómo debe sonar el acompañamiento?

T:

A: Ah, sí. Creo que lo mejor, después de todo, es dejarlo a la imaginación de quien escucha. Y quizás, como dijo Ud., Bach incluso nunca tuvo algún acompañamiento en mente. En realidad esas sonatas parecen sonar muy bien como están.

T:

A: De acuerdo. Bueno, lo veo luego.

T:

A: Hasta luego, Sr. T.

**Discusión**

- La discusión deberá centrarse en el papel que juega la redundancia en la comunicación y relaciones humanas.
- Analizar el grado de homogeneidad de las respuestas entre los diferentes participantes.
- ¿En qué parte del diálogo hubo mayor heterogeneidad?
- ¿Qué variables influyen en la predicción de las afirmaciones?
- Identificar y describir los patrones redundantes de comunicación interpersonal.
- Analizar los ritos sociales en términos de redundancia.

# *Bits*

## Objetivo

El propósito de este juego es ejercitar la habilidad para razonar binaria-mente. Puede intervenir cualquier número de participantes y el tiempo de duración es de aproximadamente una hora.

## Procedimiento

- Dividir a los participantes en parejas.
- Suministrar a cada pareja una hoja de trabajo la cual deberán responder entre ambos.
- Alternadamente, cada miembro de la pareja deberá plantearle todos y cada uno de los problemas de la hoja de trabajo al otro participante.
- Una vez que todas las parejas hayan terminado el profesor proporcionará la solución contenida en la hoja de respuesta.
- Luego se realizará una discusión grupal de los resultados obtenidos y el procedimiento llevado a cabo.

---

### Hoja de trabajo

1. Piense y anote la posición de un peón sobre el tablero de ajedrez y desafíe a su compañero a localizarle mediante sólo seis preguntas. Usted sólo deberá responder sí o no.

2. Elija y anote un número de teléfono de seis cifras y desafíe a su compañero a descubrirlo mediante veinte preguntas. Usted sólo responderá sí o no.

3. Identifique y anote un objeto y desafíe a su compañero a adivinarlo mediante veinticuatro preguntas. Usted sólo responderá sí o no.

4. ¿Cuántos pesajes en una balanza de dos platos tendría que realizar para hallar una moneda con sobrepeso de un total de ocho monedas?

5. ¿Cómo tendría que hacerlo para identificar la moneda con sobrepeso mediante dos pesajes?

---

---

**— Hoja de respuesta —**

1. El problema se resuelve en seis preguntas dividiendo el tablero por la mitad. Se pregunta entonces, si el peón está ubicado en la mitad izquierda (o derecha) del tablero. Recibida la respuesta se toma la parte que lo contenga y se repite la operación sucesivamente hasta ubicar el peón.

2. El problema se resuelve en veinte preguntas dividiendo 999.999 por la mitad. Se pregunta entonces, si el número está en la primera (o segunda) de estas dos partes. Recibida la respuesta se toma la parte que lo contenga y se repite la operación sucesivamente hasta dar con el número en cuestión.

3. El problema se resuelve en 24 preguntas dividiendo el conjunto de objetos en dos partes lo más iguales posibles (por ejemplo: ser viviente o inanimado). Recibida la respuesta se toma la parte que la contenga y se repite la operación sucesivamente hasta dar con el objeto requerido.

4. Para encontrar la moneda con sobrepeso deberán realizarse tres pesajes, en los cuales se van dividiendo las monedas sucesivamente por la mitad.

5. Para hacerlo mediante dos pesajes se deberán poner tres monedas en cada plato de la balanza y dejar las dos restantes afuera. Si la balanza no se inclina, se pesan las dos monedas entre sí. Si la balanza se inclina, se toman las tres monedas del plato que se inclinó, se deja una afuera y se pesan las dos restantes entre sí. Si la balanza se inclina, sabremos inmediatamente cuál es la moneda con sobrepeso. Si la balanza no se inclina la moneda con sobrepeso es la que estaba afuera.

## Discusión

- La discusión deberá centrarse en las dificultades que enfrentaron los participantes para razonar binariamente.
- Describir y analizar las aplicaciones prácticas de este tipo de razonamiento (por ejemplo, toma de decisiones, computadores, etcétera).

# Capítulo 5

# Modelo de la Comunicación de Berlo

La primera aproximación teórica al proceso de la comunicación humana, propiamente tal, la constituye el modelo desarrollado por David Berlo en la década del sesenta. El propósito fundamental de su obra es identificar y analizar en detalle los diversos factores implicados en dicho proceso, bajo el supuesto de que ello permitirá aumentar la capacidad natural del hombre para enfrentar sus problemas vitales. De esta forma, Berlo desarrolla un enfoque conductista de la comunicación humana buscando establecer las bases del proceso ideal de comunicación. Este proceso ideal se refiere a cómo debería realizarse la comunicación para que ésta sea realmente efectiva. Aún hoy, el modelo de Berlo representa lo que en el más amplio círculo de académicos y legos se entiende por comunicación[°].

## El concepto de comunicación

Según Berlo, el objetivo fundamental de la comunicación es convertir al hombre en un agente efectivo que le permita alterar la relación original que existe entre su organismo y su medio circundante. El hombre se comunicaría, entonces, para influir y afectar intencionalmente en los demás.

---

[°] Basado en Berlo, D. K., *El Proceso de la Comunicación: Introducción a la Teoría y la Práctica.* El Ateneo, Buenos Aires, 1971.

Como el propósito de toda comunicación es producir una respuesta específica en los demás, es necesario que la persona que se comunica utilice el mensaje apropiado para expresar dicho propósito. Si conoce bien su propósito será capaz de lograr una comunicación, a la vez, eficiente y efectiva. A pesar de que este propósito no es siempre consciente o es olvidado, difícilmente se podrá dejar de comunicar.

Sin embargo, aun cuando el propósito siempre exista, hay veces en que la comunicación fracasa en su intento de afectar e influir en el otro. Básicamente, estos fracasos pueden deberse a dos motivos: 1) al desconocimiento de los propósitos, o al hábito rutinario de comunicarse, 2) a la interpretación errónea de la respuesta que la persona quiere provocar.

Ahora bien, para que exista comunicación no basta con tener el propósito de influir, sino que también es necesario emitir un mensaje que sea recibido por el otro. Debemos distinguir aquí entre receptores intencionales y no intencionales. Los receptores intencionales son aquellas personas específicas sobre las cuales intenta influir el comunicador. Los receptores no intencionales son todas aquellas personas que son afectadas por el mensaje del comunicador, aún cuando no forman parte del propósito original de éste. Son estos últimos receptores los generadores de los "malos entendidos", pues son afectados por el comunicador en forma distinta a la que pretendía. Para criticar, entonces, a un comunicador es necesario tomar en cuenta su propósito y receptores intencionales.

Puesto que toda conducta de comunicación tiene por objeto producir una determinada respuesta en una persona especifica, no es posible separar el propósito y el auditorio. La manera en que el comunicador afecta a otros indicaría si ha existido o no comunicación. Cuando hay una incompatibilidad entre los propósitos de la fuente y del receptor se interrumpe la comunicación.

En este contexto, es posible distinguir dos tipos de propósitos tanto en la fuente como el receptor. Los propósitos consumatorios son aquellos que se satisfacen con la sola comunicación del mensaje, con el hecho de que éste sea recibido por el receptor. Los propósitos instrumentales, en cambio, sólo se satisfacen después de que la respuesta al mensaje ha sido utilizada para producir otras respuestas.

# Modelo del proceso de comunicación

El modelo de Berlo supone que la comunicación constituye un proceso. Es decir, una estructura cuyos elementos se interrelacionan en forma dinámica y mutuamente influyente. En el proceso de comunicación no podemos identificar un principio o fin estable y constante a través del tiempo, por lo cual el modelo desarrollado corresponde al proceso de comunicación detenido arbitrariamente en un momento dado del tiempo.

En el proceso de comunicación podemos distinguir los siguientes componentes:

FUENTE DE COMUNICACIÓN: corresponde a una persona o grupo de personas con un objetivo y una razón para comunicar.
ENCODIFICADOR: corresponde al encargado de tomar las ideas de la fuente y disponerlas en un código.
MENSAJE: corresponde al propósito de la fuente expresado de alguna forma.
CANAL: corresponde al medio o portador del mensaje, al conducto por donde se trasmite el mensaje.
DECODIFICADOR: corresponde a lo que traduce el mensaje y le da una forma que sea utilizable por el receptor.
RECEPTOR: corresponde a la persona o grupo de personas ubicadas en el otro extremo del canal y que constituyen el objetivo de la comunicación. Si no existe un receptor que responda al estímulo producido por la fuente, la comunicación no ha ocurrido.

Estos conceptos son inherentes a todo proceso de comunicación, ya sea que se trate de una conversación entre dos personas, una conferencia, etc. El carácter particular y las relaciones que se establezcan entre los diversos componentes dependerá del contexto en que la comunicación tiene lugar. En la comunicación interpersonal suele coincidir tanto la fuente con el encodificador como el decodificador con el receptor.

### Fidelidad de la comunicación

El concepto de fidelidad se relaciona estrechamente con el concepto de ruido introducido por Shannon y Weaver en su Teoría de la Información. La fidelidad se refiere un grado en que el comunicador ha logrado afectar según su propósito al receptor. El ruido afecta a la fidelidad en cuanto introduce distorsiones en el mensaje enviado. La eliminación del ruido aumenta la fidelidad y, por lo tanto, la efectividad de la comunicación dependerá de la medida en que se pueda aislar el ruido.

Existen ciertos factores en los componentes de la comunicación que determinan la efectividad de ésta (fig. 1).

Figura 1. Modelo de la comunicación de Berlo

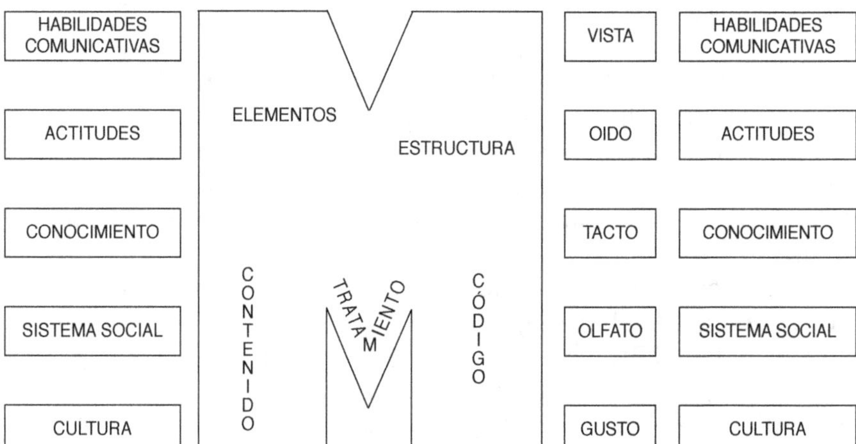


FUENTE: en la fuente y encodificador se distinguen cinco factores que influyen en la fidelidad.

1. *Habilidades comunicativas*: se refieren a la capacidad analítica de la fuente para conocer sus propósitos y a su capacidad para encodificar los mensajes que expresen su intención. Se destaca particularmente el dominio del lenguaje, la habilidad verbal de la fuente para hablar y escribir bien. Esto supone a la vez una adecuada capacidad para pensar y reflexionar. La fidelidad de la comunicación aumentará en la medida que la fuente posea las habilidades comunicativas necesarias para encodificar con exactitud sus mensajes y expresar así sus propósitos.

2. *Actitudes*: la fidelidad de la comunicación se ve afectada por tres tipos de actitudes que presenta la fuente: la actitud hacia sí mismo o autopercepción; la actitud hacia el tema que se trata o mensaje; y la

actitud hacia el receptor. Mientras más positivas y congruentes sean estas actitudes mayor será la fidelidad, puesto que la fuente mostrará confianza en sí misma y valorará su mensaje mientras que el receptor, al percibir una actitud positiva por parte de la fuente hacia él, tenderá a aceptar el mensaje enviado.

3. *Conocimiento*: se refiere al nivel de conocimiento que posee la fuente tanto con respecto un tema de su mensaje como al proceso de comunicación en sí mismo. El conocimiento acerca del proceso de comunicación afectaría la conducta de comunicación, de manera tal, que a mayor nivel de conocimiento, mayor será la fidelidad.

4. *Sistema sociocultural*: se refiere a la ubicación de la fuente en un contexto social y cultural determinado. Esta posición condicionará los roles que desempeña, sus expectativas, su prestigio, etc. Todo ello incide en la forma en que la fuente se comunica. En términos generales, la fidelidad de la comunicación será mayor si los contextos socioculturales de la fuente y el receptor son similares.

RECEPTOR: Respecto del decodificador-receptor, es necesario considerar que para lograr una comunicación efectiva se debe reconocer al receptor como el eslabón más importante del proceso de comunicación. No es posible hablar de comunicación si el mensaje enviado por la fuente no llega al receptor. Las funciones de fuente y receptor son complementarias e intercambiables. Aquel individuo que en un momento dado hace de receptor, se transforma en fuente, en el momento siguiente. Por lo tanto, todas aquellas características de la fuente mencionadas anteriormente se aplican también al receptor.

MENSAJE: Al analizar los factores del mensaje que influyen en la fidelidad de la comunicación es necesario analizar el código y el tratamiento que recibe el mensaje.

1. *Código*: se refiere a cualquier conjunto de símbolos que pueden ser estructurados de manera que posean significado. Cada vez que se intenta comunicar se debe decidir qué código emplear para enviar el mensaje, seleccionar elementos particulares de este código y estructurarlos de manera especifica. El código al cual Berlo presta mayor atención es el lenguaje hablado.

2. *Contenido*: se refiere al material del mensaje que es seleccionado por la fuente para expresar su propósito. En este artículo, el contenido del mensaje son todas las afirmaciones hechas, las conclusiones derivadas,

los comentarios, etc. La forma que elige la fuente para disponer las afirmaciones de un mensaje constituye la estructura del contenido.

3. *Tratamiento*: se refiere al orden y estilo del mensaje. Corresponde a las decisiones que toma la fuente al seleccionar y estructurar el código y el contenido de una manera determinada. El tipo de receptor es uno de los factores fundamentales que debe considerar la fuente en el tratamiento que da a su mensaje. Al conocer la forma en que la fuente trata el mensaje es posible hacer inferencias acerca de los propósitos y personalidad de la fuente.

CANAL: Finalmente, es necesario considerar las características del canal durante el proceso de comunicación. El canal es definido como los sentidos a través de los cuáles un decodificador receptor puede percibir el mensaje transmitido por la fuente encodificadora. La función del canal es permitir la comunicación al unir la fuente con el receptor. Todo mensaje debe ser transmitido a través de un canal. La fidelidad de la comunicación será mayor si se eligen los canales apropiados para el mensaje o si éstos se combinan, como en el caso de los mensajes audiovisuales. Los sistemas sensoriales forman parte tanto del receptor como del canal, por lo cual podrían ser considerados canales o decodificadores.

## Comunicación y aprendizaje

Berlo analiza el proceso de la comunicación desde una perspectiva conductista analogándolo al modelo del aprendizaje. Describe los diferentes componentes del proceso de aprendizaje y sus respectivos componentes en la comunicación:

| Componentes del Aprendizaje | Componentes de la Comunicación |
|---|---|
| 1. Organismo. | 1. Canal. |
| 2. Estímulo. | 2. Mensaje. |
| 3. Percepción. | 3. Decodificador. |
| 4. Interpretación del estímulo. | 4. Receptor-Fuente. |
| 5. Respuesta manifiesta al estímulo. | 5. Encodificador. |
| 6. Consecuencia de la respuesta. | 6. Retroalimentación. |

Al hablar de aprendizaje, generalmente se comienza por la percepción del estímulo (decodificación del mensaje). Al describir el proceso de comunicación, en cambio, se comienza por las intenciones de la fuente (interpretación). Esto lleva, muchas veces, a pasar por alto el hecho que al analizar el proceso de aprendizaje se está hablando de comunicación.

Transfiriendo ciertos principios del aprendizaje acerca del fortalecimiento del hábito, Berlo plantea que para que la comunicación sea efectiva es necesario considerar lo siguiente:

1. La relación entre el mensaje y la respuesta del receptor se fortalecerá mientras mayor sea la frecuencia con que se presente el mensaje.
2. La fuente debe aislar su mensaje y receptor de otras relaciones mensaje-receptor que compiten con la primera.
3. La relación entre el mensaje y la respuesta del receptor se fortalecerá mientras mayor sea la recompensa recibida por el receptor como consecuencia de su respuesta.
4. La respuesta del receptor al mensaje se verá fortalecida mientras más inmediata sea la recompensa.
5. La relación entre el mensaje y la respuesta del receptor, se fortalecerá mientras menor sea la cantidad de esfuerzo percibido como necesario por el receptor, para dar la respuesta.

## Comunicación y recompensa

Según Berlo, la recompensa es el elemento esencial de la efectividad de la comunicación. Las personas no responden a menos que esperen que sus respuestas sean recompensadas. De esta forma, para que la comunicación ocurra, es fundamental que el receptor esté interesado en la situación de comunicación. Como fuentes o receptores el interés se reduce a satisfacer las necesidades y cumplir los propósitos.

La recompensa tiene que ser definida en el contexto del receptor que está dando una respuesta. Algunas recompensas son inmediatas y otras no, y lo que es recompensante para la fuente puede no serlo para el receptor.

En toda situación de comunicación se elige, codifica y trata el mensaje y se seleccionan los canales sobre la base de la posible recompensa para el receptor. Su respuesta será compensatoria si percibe que sus consecuencias son de su interés y aumentan su poder para influir.

Berlo sugiere que un deseo básico del hombre es reducir la incertidumbre, imponer una estructura al mundo y procurar que ésta sea consistente. La comunicación serviría a este deseo y la reducción de incertidumbre sería uno de sus efectos recompensantes. La efectividad de la comunicación puede ser incrementada aumentando la recompensa y disminuyendo el esfuerzo requerido para la respuesta que se desea provocar en el receptor.

## Comunicación y retroalimentación

Las consecuencias de la respuesta no sólo actúan como recompensa para el receptor, sino también como una retroalimentación para la fuente. La retroalimentación se refiere a la re-entrada del mensaje modificado a la fuente. Es decir, cuando una fuente de comunicación decodifica el mensaje que encodifica o el mensaje vuelve a ser colocado dentro de su sistema, tenemos lo que se llama retroalimentación. Esto es lo que sucede, por ejemplo, cuando las palabras pronunciadas a través de un micrófono salen por los parlantes y vuelven a colarse en el micrófono produciéndose, generalmente, cierta distorsión del sonido. Es por esto que en ciertos sistemas de comunicación, como los amplificadores, la retroalimentación es evitada. En el proceso de comunicación humana, en cambio, la retroalimentación constituye un factor que ayuda a aumentar la fidelidad al transmitir los mensajes.

La retroalimentación permite a la fuente verificar la comunicación al decodificar sus propios mensajes y asegurarse de que ha encodificado de acuerdo a sus propósitos. En caso contrario, puede corregirse enviando un mensaje más preciso.

La retroalimentación supone una influencia mutua entre fuente y receptor, cada uno encodifica sus mensajes y decodifica los mensajes del otro. Tomando como punto de referencia a la fuente, la reacción del receptor permite que éste determine su propio éxito. La fuente utiliza la reacción del receptor como verificación de su mensaje y como guía de sus mensajes futuros.

La retroalimentación permite que la fuente controle el tipo de mensaje que envía el receptor. Cuando la fuente recibe retroalimentación que le indica que ha provocado la respuesta deseada en el receptor y que ésta es recompensante para él, continúa produciendo el mismo tipo de mensaje. Si la retroalimentación le indica que el mensaje enviado no ha provocado el efecto esperado podrá, eventualmente, cambiar de mensaje.

Es posible distinguir las diferentes situaciones de comunicación por la facilidad con que es obtenida la retroalimentación.

En la comunicación de persona a persona la retroalimentación es máxima. Básicamente, por la cercanía física de la fuente y el receptor, y por la variedad de canales de comunicación disponibles. En los medios de comunicación de masas (TV, diario, radio, etc.) en cambio, la probabilidad de obtener una retroalimentación inmediata es mucho menor. Esto se traduce en que la fuente demore en cambiar sus mensajes.

La retroalimentación constituye uno de los factores fundamentales en la efectividad del proceso de comunicación, puesto que permite que la fuente, a partir de las respuestas del receptor, controle y precise sus mensajes para lograr su propósito original.

## Comunicación y expectativas

El proceso de comunicación humana no sólo se reduce a una interdependencia física o de respuestas entre la fuente y el receptor, sino que también implica un conjunto de predicciones, por ambas partes, con respecto a la forma en que el otro habrá de responder al mensaje. Todo comunicador tiene una imagen de su receptor, prevé posibles respuestas e intenta predecirlas antes que ocurran. Los receptores, por su parte, seleccionan los mensajes de acuerdo a la imagen que se han formado de la fuente y a sus expectativas en relación al tipo de mensajes que ésta emitirá.

Cuando las personas desarrollan expectativas y hacen predicciones se está suponiendo que poseen empatía o la capacidad de proyectarse en la personalidad de otros. La empatía permite al hombre anticipar o conjeturar con respecto a las relaciones entre ciertas conductas propias, conductas subsiguientes en otras personas y conductas subsiguientes propias.

Según Berlo, la capacidad empática se desarrolla a partir del desempeño de roles. Durante su desarrollo el niño desempeña los roles de otro sin interpretarlo; luego los comienza a comprender para después situarse simbólicamente en el lugar del otro; finalmente, los generaliza y asume estos roles abstractos como concepto de sí mismo. Al suponer que los demás son iguales a él comienza a hacer inferencias sobre sus estados internos a partir de sus respuestas a sus mensajes.

Para Berlo, la interacción empática es el ideal de la comunicación, es el fin hacia donde tiende la comunicación humana. Cuando dos personas interactúan para comunicarse, tratan de situarse en el lugar del otro, de percibir el mundo en la misma forma que, lo hace el otro, de prever la manera en que se comportará el otro. La comunicación tiene como objeto la interacción, el asumir recíprocamente el rol del otro, el obtener una perfecta combinación de sí mismo y el otro. A medida que la interacción crece, las expectativas se tornan perfectamente interdependientes y se busca anticipar, predecir y comportarse de acuerdo a las necesidades mutuas.

## Comunicación y sistema social

La empatía constituye un factor importante en la efectividad de la comunicación; sin embargo, cuando la situación de comunicación presenta ciertas características, como ser poca interacción previa, falta de motivación personal, aumento del tamaño grupal, etc., el conocimiento de la composición y mecanismos del sistema social serán de utilidad para hacer predicciones sobre la forma en que los miembros de dicho sistema social habrán de comunicarse entre sí.

Los sistemas sociales se generan a partir de un proceso de comunicación en que los hombres coordinan sus comportamientos para lograr sus propósitos. La posibilidad de comunicación aumenta, entonces, la probabilidad de desarrollo social.

Una vez formado el sistema social, éste determina el proceso de comunicación entre sus miembros. Afecta el cómo, por qué, para quién y con qué efectos se produce la comunicación. Éste es un proceso interdependiente, en el cual, la comunicación va afectando al sistema social y éste, a su vez, afecta la comunicación.

El sistema social proporciona herramientas para mejorar la efectividad de la comunicación. El conocimiento del sistema social en que se inscribe una situación de comunicación determinada, permite hacer predicciones acertadas sobre el otro, basándose sólo en los roles que desempeña en dicho sistema. No es necesario un gran nivel de interacción, conocimiento o empatía con el otro. Su posición dentro del sistema social permite anticipar sus habilidades comunicativas, conocimientos y actitudes, y, por lo tanto, predecir su respuesta a un mensaje determinado.

## Comunicación y problemas de predicción

El proceso de comunicación se ve dificultado cuando existen ambigüedades o conflictos entre las expectativas de la fuente y el receptor. La predicción de una conducta, de acuerdo al rol de la persona, supone una coherencia entre las características prescriptivas ("debe"), descriptivas y de expectativas de dicho rol. Cuando éstas difieren entre sí la comunicación se ve interrumpida.

Siempre que se inicia una comunicación es necesario tener en cuenta los propósitos propios y los de quienes se hallan en el sistema. La ambigüedad o rigidez en la autoridad que acompaña a cada rol afecta la fidelidad de la comunicación.

Finalmente, el posible receptor en una situación de comunicación pertenece a diferentes grupos dentro del sistema social que le sirven como referencia para el desempeño de su rol. En este sentido, la fuente tendrá problemas al predecir la respuesta a su mensaje, puesto que no sabe cuál será el conjunto de normas y valores que prevalecerá en el receptor al emitir su respuesta. Asimismo, el receptor tendrá problemas para emitir una respuesta inmediata si las normas de sus diferentes grupos de referencia entran en conflicto o son ambiguas. Todo esto afecta la efectividad de la comunicación, cuando las predicciones se hacen sobre la base de los roles dentro de un sistema social mayor.

LECTURA SUGERIDA
BERLO, D. K., Communication As Process: Review and Commentary. En R. D. Ruben (Ed.) *Communication Yearbook I.* Transaction Books, U.S.A., 1977.

# *Guía*

Situándose en el marco de referencia general planteado por el modelo de la comunicación de Berlo, reflexione a partir de las siguientes citas textuales:

- Nos comunicamos para influir y afectar intencionalmente.

- Los fracasos de la comunicación pueden ser atribuidos a una o a dos causas: a la falta de eficiencia o a la interpretación errónea.

- Toda conducta de comunicación tiene por objeto producir una determinada respuesta.

- Cuando existe incompatibilidad entre los propósitos de la fuente y el receptor, se interrumpe la comunicación.

- La empatía es un valioso enfoque para la efectividad de la comunicación. Cuando los intentos empáticos son recíprocos, hemos alcanzado la situación ideal de comunicación.

- La comunicación tiene éxito siempre y cuando el receptor posea un significado para el mensaje similar al que la fuente pretende darle.

# Capítulo 6

# *Juegos Berlianos*

# *Empatía*

## Objetivo

Este juego está diseñado con el propósito de desarrollar la habilidad empática. Puede intervenir cualquier número de participantes y el tiempo de duración es de aproximadamente ciento veinte minutos.

## Procedimiento

Suministrar la hoja de trabajo a cada uno de los participantes, la cual deberá leer y realizar individualmente.

- Cada participante deberá anotar individualmente en un papel la o las posesiones personales que llevará a Alpha III, indicando el peso de cada una de ellas. Éstas, en total, no deberán exceder los cien kilos.
- Una vez que todos los participantes hayan terminado, se los divide en grupos de cinco y se les dice que ha habido un error: cada grupo, en total, podrá llevar sólo 250 kgs. de peso.
- Cada grupo deberá decidir entonces qué posesiones se incluirán en la carga y cuáles no.
- La discusión en grupo deberá ser de la siguiente manera: hablará sólo una persona por vez; cuando otro quiera hacerlo deberá repetir lo que dijo su antecesor hasta que este último esté conforme, en el sentido que ha sido bien interpretado. No se podrá tomar ninguna decisión sin que todos los integrantes de un grupo estén de acuerdo.
- Una vez que todos los grupos hayan terminado se reúnen y se inicia la discusión.

---

### Hoja de trabajo

Afuera, el cielo está rojo, todo está muerto o muriendo. Su familia y amigos están muertos. La guerra nuclear ha pasado por aquí. Usted es uno de los diez individuos aleatoriamente seleccionados, asignado como tripulación de una nave espacial que lo llevará al planeta Alpha III. Los científicos previeron la posibilidad de una devastación total por una guerra nuclear y construyeron el refugio subterráneo en el que usted está ahora. Está provisto de todas las provisiones alimenticias y de una gran variedad de equipos electrónicos y tecnológicos empleados en todos los dominios de la existencia humana contemporánea. El refugio también está provisto de una colección de obras culturales y artísticas tomada de los mejores museos del mundo. Alpha III fue seleccionado como destino por su parecido primitivo con la tierra. Se han hecho todos los arreglos para su bienestar físico y psicológico desde el momento en que la nave despegue hasta que sus puertas se abran para exponerlo al salvajismo de Alpha III. Además de la ropa que lleva en su mochila, cada persona está autorizada para llevar solamente cien kilogramos de posesiones personales. Éstas pueden ser escogidas de todo lo que uno posee y de todos los bienes que hay en el refugio. Deben ser muy bien escogidas, porque una vez que la nave despegue no volverá a tener contacto con la tierra.

## Discusión

- La discusión deberá centrarse en el papel de la empatía en la efectividad de la comunicación.
- ¿Qué dificultades se presentaron para comprender empáticamente al otro?
- ¿Pudo ser alcanzado el consenso?
- ¿Qué ventajas y qué desventajas presenta la empatía para la comunicación?
- ¿Qué características definen a la empatía como proceso de retroalimentación?
- ¿Es la empatía una habilidad susceptible de ser desarrollada?
- ¿Qué sentimientos experimentó al reflejar empáticamente las afirmaciones del otro?
- ¿Qué sentimientos experimentó al sentirse interpretado empáticamente por el otro?
- ¿Es la empatía una capacidad de escuchar al otro, o de sentirse como el otro, o de hablar como el otro?
- ¿Es mayor la fidelidad con la empatía?
- ¿Es mayor la eficacia con la empatía?

# *Retroalimentación I*

## Objetivo

Este juego está diseñado con el propósito de evaluar el papel de la retro-alimentación en la efectividad de la comunicación. Puede intervenir cualquier número de participantes y el tiempo de duración es de treinta minutos aproximadamente.

## Procedimiento

- El profesor tomará la hoja de trabajo y dará la espalda a los partici-pantes.
- Luego describirá verbalmente y en voz alta el modelo geométrico que aparece en la hoja de trabajo y que sólo él puede ver.
- Los participantes intentarán reproducir el modelo en una hoja en blanco a partir de las descripciones del profesor.
- El profesor sólo podrá repetir la descripción una vez; no podrá contestar preguntas ni saber cómo está progresando cada uno de los participantes.
- Los participantes no podrán comparar sus modelos entre sí.
- Una vez que todos hayan terminado se repetirá el ejercicio, pero esta vez el profesor, aun cuando no podrá mostrar el modelo, dará la cara al grupo y podrá contestar cuantas preguntas le hagan.
- Una vez finalizado el segundo modelo, los participantes compararán sus dibujos entre sí y con los dibujos de los demás.

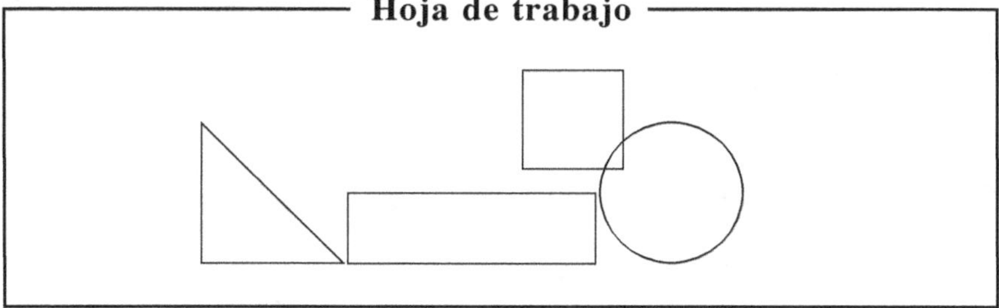


## Discusión

- La discusión deberá centrarse en el grado de efectividad de la comu-nicación sin retroalimentación versus la comunicación con retroali-mentación. ¿Qué papel juega ésta?

- Durante el primer dibujo, ¿qué efectos tuvo sobre usted la prohibición de hacer preguntas?
- Compare los resultados de ambos dibujos con el original.
- Compare ambos con los resultados obtenidos por los otros participantes.
- ¿Qué tipo de dificultades experimentó en el ejercicio? ¿Qué las causó?
- ¿Cuán apropiadas fueron las instrucciones del examinador?
- ¿Qué problemas particulares presentó?
- Describa las implicaciones que tiene este ejercicio para usted.
- ¿Qué variables influyen en la cantidad y calidad de la retroalimentación?
- Analice otras situaciones en las cuales la retroalimentación juega un papel fundamental.
- Describa los elementos a los que se recurre para completar la información cuando la falta de retroalimentación nos deja en una situación de incertidumbre.

# *Retroalimentación II*

## Objetivo

El propósito de este juego es evaluar el papel de la retroalimentación en la transmisión seriada de información. Esta actividad también sirve para examinar el concepto de rumor. Puede participar cualquier número de personas y el tiempo de duración es de ochenta minutos aproximadamente.

## Procedimiento

- Se les pide a seis participantes que abandonen la sala.
- El profesor lee la hoja de trabajo en voz alta al resto de los participantes.
- Se selecciona uno de los participantes que escuchó la presentación (N° 1).
- Luego se hace volver a la sala a uno de los participantes que estaba afuera (N° 2).
- El participante número uno le cuenta el contenido del trozo que escuchó al participante número dos. Estarán prohibidas las preguntas y las anotaciones. Sólo se podrá repetir una vez la información. El resto del grupo sólo actuará como observador; no podrá comentar ni ayudar a los participantes.
- Se pide a otro de los participantes que está afuera (N° 3) que entre a la sala.
- El participante número dos cuenta lo que escuchó al participante número tres quien, a su vez, se lo contará al número cuatro cuando entre a la sala.
- El número cuatro cuenta al grupo en voz alta lo que entendió del trozo escuchado.
- El profesor vuelve a leer en voz alta la hoja de trabajo al grupo de participantes y se repite el procedimiento anterior con los participantes N° 5, N° 6 y N° 7, que aún permanecen fuera de la sala.
- Esta vez los participantes podrán realizar todas las preguntas que requieran entre ellos. El resto del grupo no deberá intervenir.
- Una vez que la última persona de la cadena (N° 7) ha escuchado el trozo y lo ha repetido en voz alta al grupo se discuten los resultados obtenidos.

---

> ## Hoja de trabajo
>
> A la oficina de informaciones de la radio Ventral ha llegado el siguiente cable noticioso:
>
> "En Antral y capital del estado de Antares, un grupo de guerrilleros se trabó en una encarnizada lucha con elementos de la policía, resultando heridos dos policías y un guerrillero. Simultáneamente en Castex, la segunda ciudad de Antares, la policía informó haber encontrado un refugio, el cual se presume que era el centro de operaciones de otro grupo guerrillero. Testigos presenciales informaron que una camioneta había huido del lugar poco antes que llegara el cuerpo policial".

## Discusión

La discusión deberá centrarse en la relación existente entre el proceso de retroalimentación y transmisión seriada de información.

- ¿Cómo afecta la falta de retroalimentación la fidelidad del mensaje?
- Enumere otras barreras que impidan establecer una comunicación efectiva.
- Discuta las ventajas de una comunicación eficiente (o rápida) versus las ventajas de la comunicación efectiva y relaciónelas con el concepto de retroalimentación.
- ¿Cuáles fueron las ventajas de la retroalimentación?
- ¿Qué tipo de retroalimentación funcionó mejor? ¿La verbal o la no verbal?
- Señale algunas técnicas de comunicación seriada que sean más efectivas.
- Describa algunas funciones de la retroalimentación en la comunicación cotidiana.
- ¿Cómo puede ser usada la retroalimentación para evitar conflictos en la comunicación interpersonal?

# *Escuchando*

## Objetivo

El propósito de este juego es contrastar las dificultades del receptor para escuchar e interpretar mensajes. Puede intervenir cualquier número de participantes y el tiempo de duración es de treinta minutos.

## Procedimiento

- El profesor lee la hoja de trabajo a los participantes, los cuales deberán escuchar atentamente y reproducir individualmente en un papel lo que allí se les indica.
- El profesor puede releer la hoja de trabajo, pero no puede responder ninguna otra pregunta.
- Una vez que todos hayan terminado se comparan grupalmente las respuestas y se inicia la discusión.

---

**Hoja de trabajo**

Lea las siguientes proposiciones a los participantes:

- "Escriba una i pequeña y póngale punto".
- "Dibuje una línea vertical corta para representar una mamá bubú, un papá bubú y una guagua bubú".
- "Usted está manejando un bus. Usted va doce kilómetros al este, dobla hacia el sur, anda dos kilómetros y toma nueve pasajeros; luego usted dará vuelta en dirección oeste, anda tres kilómetros y deja cuatro pasajeros. ¿Qué edad tiene el chofer?"
- "Represente la Santísima Trinidad mediante un palito y tres palitos".
- "Dibuje un pequeño círculo para representar un papá toro, una mamá toro y una guagua toro".

---

## Discusión

- La discusión deberá centrarse en la decodificación de los mensajes verbales.
- ¿Cómo se traduce la información de un sentido a otro?

- ¿Qué dificulta la traducción de un mensaje?
- ¿A qué responden las diferentes respuestas observadas para un mismo mensaje?
- ¿Escuchar bien es siempre un problema de atención?
- ¿Qué es una respuesta correcta en este contexto?
- ¿Qué variables dificultan el proceso de escuchar bien?

# *Mensaje I*

## Objetivo

El propósito de este juego es evaluar aquellos factores del mensaje que influyen en la fidelidad de la comunicación. Puede intervenir cualquier número de participantes y el tiempo de duración es de treinta minutos aproximadamente.

## Procedimiento

- Suministrar la hoja de trabajo a cada uno de los participantes la cual deberá ser respondida individualmente.
- Cuando todos hayan terminado, el profesor proporcionará las soluciones incluidas en la hoja de respuesta.
- Contrastar en forma grupal los resultados y discutirlos.

---

**Hoja de trabajo**

RELATO:

"Un comerciante recién había apagado las luces de la tienda cuando apareció un hombre y pidió dinero. El dueño abrió la caja registradora. El contenido de la caja registradora fue vaciado y el hombre escapó. Un miembro de la policía fue notificado rápidamente".

Basándose en la historia anterior, conteste "V", "F" o "?":

1. V F ? Un hombre apareció después que el propietario apagó las luces de su tienda.

2. V F ? El ladrón era un hombre.

3. V F ? El hombre no pidió dinero.

4. V F ? El hombre que abrió la caja registradora era el dueño.

5. V F ? El dueño de la tienda vació el contenido de la caja registradora y salió corriendo.

---

6. V F ? Alguien abrió una caja registradora.

7. V F ? Después que el hombre que pidió dinero vació el contenido de la caja registradora, salió corriendo.

8. V F La historia no especifica cuánto dinero contenía la caja registradora.

9. V F ? El ladrón robó el dinero del propietario,

10. V F ? La historia guarda relación con una serie de eventos en los cuales se hace referencia a sólo tres personas: el dueño del negocio, el hombre que pidió dinero y un miembro de la fuerza policial.

## Hoja de respuesta

1. (?) La historia no afirma que la persona que apagó las luces era el propietario.
2. (?) La historia no afirma que el hombre que pidió dinero era un ladrón. Podría haber sido un hijo adolescente que necesitaba dinero para salir, un cobrador de cuentas, una persona recolectando para obras de caridad, etc.
3. (F) La historia afirma que un hombre si demandó dinero.
4. (?) La historia no afirma que el dueño era hombre.
5. (?) La historia no elimina la posibilidad de que haya sido el dueño el que vació la caja registradora. Además la historia tampoco afirma si el hombre salió corriendo o no. Podría haber escapado en moto, automóvil, bicicleta, etc.
6. (V) El relato afirma que alguien abrió la caja registradora.
7. (?) La historia no indica en definitiva si el hombre que demandó dinero era el mismo que vació el contenido de la caja registradora. Tampoco se dice que haya salido corriendo.
8. (?) El relato no dice que la caja registradora contenía dinero. Podría haber contenido cheques, llaves, etc.
9. (?) La historia no dice que el hombre que demandó dinero fuera un ladrón.
10. (?) Ya que la historia no afirma que el comerciante y el propietario fueran la misma persona, podría haber 3 o 4 personas implicadas.

## Discusión

- La discusión deberá centrarse en los errores cometidos a raíz de la ambigüedad del mensaje.
- Señale los supuestos que se hallan en la base de sus respuestas (V, F o ?) y contrástelos con los de los demás participantes.
- Analice qué factores del mensaje pueden haber influido en los resultados obtenidos (código, contenido y tratamiento).
- Describa en qué medida esta situación es típica de problemas de comunicación de la vida diaria.
- ¿Cómo se podría aumentar la fidelidad de la comunicación?

# *Mensaje II*

## Objetivo

Este juego está diseñado con el propósito de contrastar las consecuencias conductuales que pueden tener los mensajes verbales imperativos. Puede intervenir cualquier número de participantes y el tiempo de duración es de aproximadamente treinta minutos.

## Procedimiento

- Suministrar a los participantes la hoja de trabajo, la cual deberán responder en forma individual y lo más rápidamente posible.
- Una vez que todos hayan terminado, el profesor iniciará la discusión grupal.

---

### Hoja de trabajo

Nombre: ...................................

1. Lea cuidadosamente todas las instrucciones que a continuación se presentan antes de hacer cualquier cosa.
2. Escriba su nombre y apellido en la línea colocada en la parte superior derecha de la hoja, después de la palabra nombre.
3. Dibuje un círculo alrededor de la palabra "todas" en la instrucción N° 1.
4. Subraye la palabra en la instrucción número dos.
5. En la instrucción N° 4 dibuje un círculo alrededor de la palabra "subraye" y en la frase N° 1 tache cualquier cosa.
6. Dibuje un círculo alrededor del título de la hoja.
7. Haga una circunferencia alrededor de los números 1, 2, 3, 4 y 5 y coloque una x sobre el número 6.
8. En la instrucción N° 7 ponga un círculo en los números pares y subraye los impares. Coloque un círculo alrededor de la instrucción N° 4.
9. Escriba correctamente a continuación del título del ejercicio.
10. Subraye lo que acaba de escribir.
11. Agregue qué está haciendo a continuación de la instrucción número 9.
12. Lo que acaba de escribir táchelo y coloque la palabra que usted quiera, y a continuación descanse.

---

## Discusión

- La discusión deberá centrarse en el carácter ambiguo de ciertos mensajes aparentemente taxativos como lo son las instrucciones y las consecuencias que esto pueda tener en su comportamiento.
- Discutir acerca de los niveles de las instrucciones y de la información.
- ¿Cuál es la solución correcta?
- ¿Qué tipo de maniobras realizan los participantes para reducir la incertidumbre contenida en los mensajes ambiguos?
- ¿Qué factor o factores del mensaje inciden en que éste sea ambiguo?
- ¿La retroalimentación hubiera sido útil en este caso?
- Discuta acerca de los sentimientos que provocan las comunicaciones ambiguas.
- ¿Qué se le debe exigir a un mensaje para que sea lo menos ambiguo posible?
- ¿La ambigüedad está en la fuente, en el receptor o en el mensaje?

# *Mensaje III*

## Objetivo

El propósito de este juego es contrastar la forma en que las personas asignan significado a los mensajes. Puede participar cualquier número de personas y el tiempo de duración es de aproximadamente treinta minutos.

## Procedimiento

- Suministrar la hoja de trabajo a cada uno de los participantes, la cual deberá ser respondida en forma individual.
- Una vez que todos hayan terminado, se compararán grupalmente las respuestas y el profesor iniciará la discusión.

---

### Hoja de trabajo

Lea y conteste cada pregunta como usted lo crea más conveniente.
- El estudiante que salió presidente fue elegido por una abrumadora mayoría. ¿Qué porcentaje de votos recibió?
- Juan es un continuo fumador de marihuana. ¿Cuán a menudo fuma?
- María tiene un trabajo bien pagado. ¿Cuál es su ingreso mensual?
- Ese taxista es de mediana edad. ¿Cuántos años tiene?
- El da mucho para obras de caridad. ¿Cuál es el monto de su donación?
- María obtuvo una buena calificación. ¿Cuál fue su nota?
- Ellos hicieron un muy buen negocio. ¿Qué porcentaje de utilidad tuvieron?

---

## Discusión

- La discusión deberá centrarse en los múltiples significados que puede adquirir un mismo mensaje.
- Examinar los supuestos que subyacen a la adjudicación de significado a un mensaje.
- Discutir el concepto de objetividad a partir de este juego.
- Examinar aquellas proposiciones donde la disparidad de significados fuera máxima.
- Examinar aquellas proposiciones donde el consenso fuera máximo.
- Relacionar el juego con el proceso de comunicación cotidiana.

# Capítulo 7

# Enfoque Interaccional

# Desarrollo Histórico del Enfoque Interaccional de la Comunicación

Los orígenes del Enfoque Interaccional de la comunicación se funden con la genial obra desarrollada a lo largo de toda su vida por Gregory Bateson (1904-1980), quien fuera su gran mentor teórico. A este excepcional humanista de nuestro tiempo debemos una nueva epistemología, una forma radicalmente diferente de pensar en el dominio de las ciencias del comportamiento. Su obra cubre desde estudios zoológicos y antropológicos hasta contribuciones significativas a la teoría de la evolución y la ecología; sin olvidar lo que constituye nuestro mayor interés, el desarrollo de un nuevo enfoque de la comunicación que redefine los problemas planteados en áreas como la psiquiatría, el aprendizaje, el juego y la psicoterapia, por mencionar sólo algunas.

Hijo de un biólogo especializado en genética, hizo sus primeras investigaciones en el campo de la zoología. De ahí surgió su constante preocupación por el problema del patrón en los diferentes fenómenos y su convicción de que "los tipos de operación mental que resultan útiles para analizar un campo, pueden resultar igualmente útiles en otro, el andamiaje de la Naturaleza es el mismo en todos los campos"[1].

Con este marco conceptual general realizó estudios antropológicos en Nueva Guinea y Bali junto a Margaret Mead. En dichos estudios se preocupó de identificar patrones típicos de comportamiento y de examinarlos a la luz de los contextos sociales de interacción y aprendizaje en que ocurren. De esta forma, desarrolló una serie de ideas y conceptos que posteriormente serían aplicados a la comunicación.

---

[1]Bateson G., Forma, Sustancia y Diferencia. En: G. Bateson (Comp.) *Pasos Hacia una Ecología de la Mente*. Carlos Lohlé, Bs. As., 1976.

Una de aquellas ideas se refiere a que la evolución de una cultura, así como la evolución de cualquier sistema de aprendizaje (familia, organización, especie, etc.), es producto de procesos típicos de interacción. Estos procesos describen patrones regulares y direccionales que generan y mantienen las diferencias al interior de la cultura, como así también, entre las diferentes culturas. De esta manera, conceptos como sumisión, competitividad y dependencia no constituyen roles estáticos, sino que describen patrones de relación entre los miembros de una cultura. Finalmente, estos procesos de interacción pueden ser descritos como simétricos o complementarios, dependiendo de si la relación entre esos miembros es definida como de igualdad o jerárquica, respectivamente[2].

En 1942, Bateson escribe, "La Planificación Social y el Concepto de Deuteroaprendizaje"[3], artículo central en el desarrollo de su pensamiento. Alude al concepto de niveles de aprendizaje planteando que toda situación de aprendizaje provee información sustantiva (el contenido, aquello que hay que aprender) e información acerca de la naturaleza de la situación (la estructura, lo que se espera del sujeto). De esta manera, en un proceso de aprendizaje el sujeto no sólo aprende conductas particulares (aprendizaje I), sino que en un nivel inmediatamente superior aprende a aprender (aprendizaje II o deuteroaprendizaje). Es decir, el sujeto aprende, además, el tipo de contexto en que su comportamiento tiene lugar. Por ejemplo, la rata en la caja de Skinner no sólo aprende a bajar la palanca, sino que en otro nivel aprende a ver el mundo como un lugar en donde debe buscar activamente su recompensa. Este carácter "emprendedor" de la rata puede ser considerado como su manera habitual de puntuar la secuencia de hechos de la que su comportamiento forma parte. Para describir entonces un tipo de carácter determinado dependiente, agresivo, dominante es necesario describir el contexto formal de aprendizaje en que ese carácter particular es aprendido.

Después de la Segunda Guerra Mundial, Bateson participa como miembro de las famosas Conferencias Macy sobre cibernética. Las ideas desarrolladas por Wiener y von Neumann, entre otros, influyeron poderosamente su pensamiento; particularmente, aquellas que se refieren a la Teoría de la Información, el concepto de retroalimentación y la Teoría de Juegos. Tanto es así que la teoría de la comunicación desarrollada posteriormente por Bateson y colaboradores es considerada

---

[2]Bateson G., Contacto Cultural y Esquismogénesis. En: G. Bateson (Comp.). *Pasos Hacia una Ecología de la Mente*, op. cit.
[3]Bateson G., La Planificación Social y el Concepto de Deuteroaprendizaje. En: G. Bateson (Comp.). *Pasos Hacia una Ecología de la Mente*, op. cit.

como una de las Teorías Especiales de Sistemas (TES), puesto que comparte las definiciones, supuestos y proposiciones básicas de la Teoría General de Sistemas. Es así como a la comunicación serán aplicados conceptos como sistema, jerarquía de niveles, homeostasis, equifinalidad, retroalimentación, etc. La Teoría de Juegos, por su parte, será empleada por Bateson como un modelo para examinar el sistema social balinés y la interacción familiar.

Con este novedoso bagaje de ideas y experiencias ingresa al campo de la psiquiatría a través de Juergen Ruesch con quien trabaja en la Clínica Langley Porter. En 1951 escribe el libro "Comunicación: La Matriz Social de la Psiquiatría"[4]. Su interés en los niveles de aprendizaje llevó a Bateson a plantearse el problema de los niveles de la comunicación. De esta forma, introduce el concepto de metacomunicación para referirse a la "comunicación acerca de la comunicación". Plantea que, en general, la metacomunicación definiría la relación entre las personas que se comunican y la forma en que deben ser entendidos los mensajes dentro de dicha relación. Del análisis de la metacomunicación concluye que la confusión entre los niveles de comunicación generaría paradojas. Introduce así el concepto de tipos lógicos en la comunicación. Finalmente, plantea que la comunicación se basa en convenciones arbitrarias cuya validez depende de la fe que uno tenga en ellas. De esta manera, la "realidad" es una construcción generada a partir de la comunicación entre las personas y guarda estrecha relación con las formas en que estas personas aprenden a puntuar su contexto de aprendizaje.

# Proyecto Bateson (1952-1962)

En 1952, Bateson recibe una subvención de la Rockefeller Foundation para investigar la naturaleza general de la comunicación en términos de niveles. Específicamente, el proyecto contemplaba estudiar "El Papel de las Paradojas de Abstracción en la Comunicación"[5], desde el punto de vista de los tipos lógicos.

---

[4] Ruesch J. y Bateson G., *Comunicación: La Matriz Social de la Psiquiatría*. Paidós, Bs. As., 1978.
[5] Haley J., Development of a Theory: A History of a Research Project. En: C. Sluzki y D. Ransom (Ed.) *Double Bind: The Foundation of the Communicational Approach to the Family*. Grune and Stratton, U.S.A., 1976.

La tesis central de la Teoría de los Tipos Lógicos, desarrollada por Russell y Whitehead en su obra Principia Mathematica[6], señala que existe una discontinuidad lógica entre clase y miembro, siendo cada uno de ellos de un nivel de abstracción o tipo lógico diferente: una clase no puede ser miembro de si misma, ni un miembro de una clase puede ser en sí mismo la clase. Por ejemplo, la clase "estudiantes de psicología" no constituye en sí misma un estudiante de psicología. La confusión entre clase y miembro genera la paradoja. El ejemplo clásico lo constituye la paradoja de Epiménides de Creta quien afirmaba que "todos los cretenses son mentirosos". Puesto que esta afirmación se incluye a sí misma, es verdadera si es falsa y es falsa si es verdadera. La forma de resolver esta paradoja es considerar que una afirmación y una afirmación acerca de una afirmación (meta-afirmación) son de diferente tipo lógico, como lo son un miembro y su clase.

El proyecto de Bateson contemplaba estudiar aquellas paradojas que se generan en la comunicación cuando los mensajes emitidos y recibidos son clasificados confundiendo sus niveles de abstracción o tipos lógicos. De esta manera, fue Bateson la primera persona en aplicar la teoría de los Tipos Lógicos a la comunicación. Su convicción en el modelo era tal que lo llevó a afirmar que "en la medida que los especialistas de las ciencias del comportamiento sigan ignorando los problemas planteados en Principia Mathematica, pueden considerar que sus conocimientos tienen una obsolescencia de aproximadamente sesenta años"[7].

A principios de 1953, se incorporan al proyecto John Weakland y Jay Haley. El primero provenía del campo de la antropología cultural, mientras que Haley había estado trabajando en el análisis psicosocial de la fantasía en el cine. A fines del mismo año se incorpora como consultor el psiquiatra William Fry, quien se interesaba particularmente, en el estudio del humor según los tipos lógicos. Éste debió ausentarse del proyecto entre los años 1955-1956. El equipo de investigación funcionó desde sus comienzos en el Veteran Administration Hospital de Palo Alto.

---

[6] Whitehead A. N. y Russell B., *Principia Mathematica*. Cambridge University Press, Cambridge, 1913.

[7] Bateson G., Las Categorías Lógicas del Aprendizaje. En: G. Bateson (Comp.). *Pasos Hacia una Ecología de la Mente*, op. cit.

Durante su primer año de trabajo, el equipo se dedicó fundamentalmente a establecer un enfoque o aproximación común en el campo de la comunicación. Puesto que la investigación se refería a la comunicación en general, cualquier dato resultaba relevante. Los datos fueron, entonces, recopilados de diversas fuentes, como por ejemplo:

— estudio de nutrias jugando
— estudio del entrenamiento de perros guías para ciegos
— análisis de una película popular
— análisis del humor y de un ventrílocuo
— análisis de las verbalizaciones de un esquizofrénico.

El énfasis inicial de la investigación en los animales respondía a la necesidad de comenzar con los datos más simples en torno a la comunicación. El trabajo de los etólogos Lorenz y Tinbergen formó parte del pensamiento del proyecto. El propósito era determinar si los animales califican sus mensajes y se dan cuenta que emiten señales.

La primera dificultad enfrentada por el grupo se refería a si las paradojas de abstracción eran relevantes en la comunicación animal y humana, o si sólo eran artificios del lenguaje y la lógica. Parte del problema consistía en desarrollar un lenguaje común para describir los niveles de comunicación. Para referirse a la relación entre un mensaje y el mensaje que lo califica se empleaban como sinónimos conceptos como tipos lógicos, niveles de abstracción y nivel metacomunicativo.

En 1953, Haley participa en un seminario de hipnosis dictado por Milton Erickson. Desde entonces, Erickson influyó poderosamente en su pensamiento, a tal punto, que año tras año, tanto Weakland como Haley lo visitaban para intercambiar ideas sobre hipnosis y psicoterapia.

A principios de 1954 se presentan los dos primeros artículos del proyecto en una convención de la American Psychiatric Association. Haley da lectura a un artículo de Bateson titulado "Una Teoría del Juego y la Fantasía"[8], y a la vez expone acerca del juego observado en animales.

En su artículo, Bateson sugiere que la comunicación verbal humana opera en diferentes niveles contrastantes de abstracción y que la mayoría de los mensajes metacomunicativos permanecen implícitos.

---

[8] Bateson G., Una Teoría del Juego y la Fantasía. En: G. Bateson (Comp.). *Pasos Hacia una Ecología de la Mente*, op. cit.

La comunicación se desarrolla en la escala evolutiva desde los animales que responden automáticamente a los signos que reciben, hasta aquellos que son capaces de reconocer el signo como señal, es decir, como un mensaje metacomunicativo. Esto ocurre, por ejemplo, en la conducta de juego. El juego consiste en, una secuencia de interacciones similares, pero no iguales al combate. Esto es posible debido a que los participantes pueden intercambiar mensajes metacomunicativos o señales que contienen el mensaje "esto es juego". La dentellada juguetona de un animal denota un mordisco, pero no denota lo que un mordisco denotaría (combate) si el mensaje "esto es juego" estuviera ausente. El metamensaje (esto es juego) está implícito en el mensaje mismo (dentellada juguetona) y, por lo tanto, el mensaje se califica a sí mismo generándose la paradoja. A menos que el animal considere que el metamensaje es de diferente "tipo lógico" que el mensaje mismo, interpretará la dentellada juguetona como un mordisco de combate. Existen otros contextos donde la señal metacomunicativa es fundamental para enmarcar los mensajes: fantasía, ritual, amenaza, etc. Bateson concluye estableciendo un paralelo entre el juego y la psicoterapia, planteando que el objetivo de ésta es cambiar el marco metacomunicativo en que el paciente interpreta los mensajes.

La exposición de Haley se basó en la película "Las Nutrias de Río", realizada por Bateson. Ésta constituye un testimonio visual de la interpretación de mensajes metacomunicativos en animales. La discusión se refirió a lo que sucede cuando un animal interpreta el mensaje "esto es juego", y lo comparó con la dificultad que tiene el esquizofrénico para interpretar mensajes metacomunicativos y relacionarse con los demás.

En ese entonces, el énfasis del proyecto estaba puesto en la forma en que el esquizofrénico trata el "como si". Estos se comportan como si una metáfora fuera una afirmación literal y viceversa. Por ejemplo, al afirmar "tengo piedras en el estómago, pero no son de verdad". Las verbalizaciones de los esquizofrénicos constituyen un ejemplo de confusión de tipos lógicos. Esta confusión entre un mensaje y el mensaje que lo califica origina las paradojas en la comunicación.


## Hacia una teoría de la esquizofrenia


En 1954, la subvención de la Rockefeller Foundation terminó y no fue renovada. Como dijera Bateson, "el fracaso volvió a darse una vez más" [9]. El equipo decidió, entonces, en parte por razones prácticas y en parte por una tendencia en esa dirección, postular a una subvención para estudiar la comunicación en esquizofrénicos dada la obvia confusión de tipos lógicos observada en sus verbalizaciones. De esta forma, obtuvo una subvención de dos años por parte de la Macy Foundation para realizar esta investigación. El psiquiatra Don Jackson fue incorporado como consultor clínico al equipo, en virtud de su experiencia en terapia con esquizofrénicos y de sus estudios en relación al concepto de homeostasis familiar.

A estas alturas, el problema inicial de si las paradojas de abstracción eran relevantes en la comunicación humana ya había sido dilucidado. La comunicación tiene efectos pragmáticos en el comportamiento de quienes se comunican. Las paradojas de abstracción, como un trastorno de la comunicación, debían, pues, tener un efecto pragmático en el comportamiento de los comunicantes, debía ocasionar un trastorno en el comportamiento o, al menos, un comportamiento incongruente.

En 1956, el equipo publica su primer artículo conjunto: "Hacia una Teoría de la Esquizofrenia"[10]. Éste constituye un artículo central dentro del proyecto, puesto que contiene la primera formulación de la ya clásica Teoría del Doble Vínculo. El doble vínculo es definido tanto como un conflicto entre niveles de mensajes como entre niveles de aprendizaje en la interacción de dos personas. Cuando una persona comunica dos niveles de mensajes a otra y cuando estos niveles se califican conflictivamente entre sí, la otra persona se ve enfrentada con una interacción imposible. No puede responder a un nivel sin violar el otro; por lo tanto, está errada haga lo que haga. El doble vínculo se completa cuando la "víctima" no puede abandonar o comentar la situación imposible.

Cuando esta situación se repite en el tiempo, la persona aprende que es tanto castigada por realizar cierta conducta como castigada cuando demuestra, al evitar realizar esa conducta, que ha aprendido que será castigada. Este patrón de confusión de tipos lógicos de mensajes y aprendizaje generará una patología que, en sus extremos, presentará síntomas cuyas características formales corresponden a la esquizofrenia. El concepto del doble vínculo surge como una explicación etiológica de la esquizofrenia. Sin embargo, posteriormente, se constituye en un nuevo enfoque de la psicopatología y abre el camino hacia una forma

---

9 Bateson G. (Comp.). *Pasos Hacia una Ecología de la Mente*, op. cit.

10 Bateson G., Jackson D. D., Haley J. y Weakland J. H., Hacia una Teoría de la Esquizofrenia. En: G. Bateson (Comp.). *Pasos Hacia una Ecología de la Mente*, op. cit.

radicalmente diferente de pensar acerca de la comunicación y el comportamiento humano [11].

Los planteamientos de este clásico artículo permiten describir diversos campos de la actividad humana en términos de los niveles de comunicación. Entre ellos se cuentan el juego, el humor, el ritual, la poesía, la ficción y la hipnosis. Los aforismos del budismo Zen también proveen una fuente de inspiración para ejemplificar el doble vínculo. En esta área se contó con la asesoría de Alan Watts, quien permaneció como consultor del proyecto.

Durante este mismo año, se comienzan a realizar observaciones de la interacción del grupo familiar del esquizofrénico. Éstas confirman la hipótesis del doble vínculo y el proyecto cambia su dirección hacia el análisis de la interacción familiar y de los patrones vocales y kinestésicos individuales. Se integran como consultores al proyecto Ray Birdwhistell, especialista en movimientos corporales, y Paul Moses, experto en fonoaudiología.

Hacia 1957, el equipo comenzó a discrepar en cuanto a qué dirección debía tomar el proyecto. Estas diferencias se tornarían evidentes en una serie de publicaciones realizadas por los miembros del proyecto a partir de 1958.

Bateson, fiel a su posición epistemológica inicial, se hallaba interesado en el doble vínculo como un principio explicativo general aplicable a una gran variedad de fenómenos en diversos campos. De aquí que en sus artículos busque relacionar y extrapolar el doble vínculo a otros campos del comportamiento humano y no se limite al área de la psiquiatría. Posteriormente diría: "fue de la psiquiatría que obtuvimos el dinero y nos dejamos influenciar, poderosa y desastrosamente, por la necesidad de aplicar nuestra ciencia en este campo ... estaba aburrido y disgustado por la confusión del pensamiento psiquiátrico convencional, por la obsesión de mis colegas por el problema del poder y aterrado por la riqueza de los datos disponibles"[12].

Haley, por su parte, se preocupó del aspecto relacional de la comunicación. Sugiere que todo tipo de comunicación intercambiada entre dos personas define el tipo de relación que existirá entre ambas. Describe las relaciones como simétricas o complementarias basándose

---

[11] Sluzki C. y Verón E., The Double Bind as a Universal Pathogenic Situation. En: C. Sluzki y D. Ransom (Ed.). *Double Bind: The Foundation of the Communication Approach to the Family*, op. cit.

[12] Bateson G., A Formal Approach to Explicit, Implicit and Embodied Ideas and to their Forms of Interaction. En: C. Sluzki y D. Ransom (Ed.) *Double Bind: The Foundation of the Communication Approach to the Family*, op. cit.

en las descripciones antropológicas de Bateson. Para Haley, entonces, toda relación puede ser descrita como una lucha entre dos personas por obtener el control y definir la relación. Esta concepción básica la aplica a la relación entre hipnotizador e hipnotizado, y terapeuta y paciente. En el caso de dos esquizofrénicos conversando entre sí plantea que cada uno puede ser descrito como una persona que está luchando por no definir su relación con el otro. Los síntomas serían maniobras para obtener el control de una relación, mientras que la psicoterapia puede ser descrita como una situación de doble vínculo terapéutico donde se pone en desventaja al paciente mientras continúa con su comportamiento sintomático[13].

Jackson se centra principalmente en la interacción familiar de pacientes esquizofrénicos. Enfatiza el carácter homeostático de las relaciones familiares y destaca sus implicaciones terapéuticas. Enfatiza las reglas y definiciones que realizan los miembros de una familia en su interacción con los demás[14].

Weakland extiende el concepto de doble vínculo a la interacción triádica entre padre, madre e hijo. Plantea que el doble vínculo es impuesto generalmente por ambos padres y enfatiza la negación inherente al ofrecimiento del doble vínculo. Realiza una serie de publicaciones conjuntas con Haley y con Jackson compartiendo sus perspectivas teórico-prácticas[15].

Finalmente, Fry aplica la noción de doble vínculo a la relación entre el personal de guardia y pacientes de un hospital psiquiátrico. Sin embargo, su mayor contribución fue la aplicación del doble vínculo a la explicación del humor[16].


## Interacción familiar


Hacia 1959, el equipo se dedicó a conceptualizar el problema de la organización familiar. Se proponía entregar un modelo descriptivo del sistema familiar, que permitiera diferenciar las familias con esquizofré-

---


[13] Haley J., *Estrategias en Psicoterapia*. Toray, Barcelona, 1966.

[14] Jackson D. D., The Question of Family Homeostasis. En: D. D. Jackson (Ed.) *Communication, Family and Marriage.* Science and Behavior Books, USA, 1968.

[15] Weakland J. H., The Double Bind Hypothesis of Schizophrenia and Three-Party Interaction. En: C. Sluzki y D. Ransom (Ed.), *The Foundation of the Communication Approach to the Family*, op. cit.

[16] Fry W., *Sweet Madness: A Study of Humor.* Pacific Books, USA, 1963.

nicos de otro tipo de familias. A la vez, pretendía describir el carácter adaptativo de la esquizofrenia dentro de un tipo particular de sistema familiar.

A partir de esta nueva orientación del proyecto se obtiene un subsidio del National Institute of Mental Health para un proyecto en terapia familiar y otro subsidio del Foundation Fund for Research in Psychiatry para un proyecto de investigación experimental en interacción familiar. La dirección general del proyecto apuntaba entonces a la investigación clínica y validación empírica. Alex Bavelas fue incorporado como consultor al proyecto, en virtud de su amplia experiencia en experimentos con grupos pequeños y en diferentes situaciones de aprendizaje.

Un informe resumen del proyecto de investigación fue publicado por Haley: "Family Experiments: A New Type of Experimentation"[17]. La expectativa de que ciertas secuencias de comportamiento observadas en familias podrían ser contrastadas mediante experimentos para validarlas empíricamente no fue alcanzada. Tampoco fue posible contar las secuencias de doble vínculo debido a la complejidad de niveles comprometidos en cualquier situación de doble vínculo. El énfasis cambió entonces desde la intención de contrastar ciertos aspectos de la teoría o ciertas secuencias específicas de interacción familiar hacia un intento de diferenciar la organización de una familia esquizofrénica de otro tipo de organización familiar mediante diseños experimentales.

Otro hallazgo de este programa de investigación fue constatar que los experimentos diseñados para grupos de personas que no tenían relación entre sí no se podían aplicar a la interacción familiar. De esta forma, a partir de este proyecto, se perfiló un nuevo campo de experimentación. La experimentación en familia representaba un cambio en la teoría, metodología y muestreo de la experimentación tradicional.

Los diferentes artículos publicados en ese entonces por los miembros del proyecto se referían, particularmente, a la interacción familiar de los esquizofrénicos. La mayoría alude al carácter adaptativo del comportamiento del esquizofrénico en su sistema familiar y a la resistencia de la familia al cambio representado por una posible mejoría del miembro etiquetado como esquizofrénico.

Bateson continúa extrapolando los hallazgos a otros campos del comportamiento humano. Utiliza la Teoría de Juegos de von Neumann como modelo de la interacción familiar y lo relaciona con los contextos

---

[17] Haley J., Family Experiinents: A New Type of Experimentation. En: C. Sluzki y D. Ransom (Ed.), *Double Bind: The Foundation of the Communicational Approach to the Family*, op. cit.

de aprendizaje en que se da el comportamiento. Plantea que los procesos de control de un sistema general como la evolución son aplicables también a la interacción familiar[18].

En 1962, el denominado Proyecto Bateson toca a su fin tras una década de pensamiento y producción incomparable (cerca de 70 publicaciones). Su principal contribución fue la de proveer una nueva epistemología a las ciencias del comportamiento. Si bien una epistemología no puede ser delimitada, los fundamentos de esta nueva epistemología pueden ser buscados en la noción de doble vínculo.

# Bateson (1962-1980)

Una vez finalizado el proyecto, Bateson intenta dar nuevos pasos en el estudio de los tipos lógicos en la comunicación. Se decide a trabajar con material procedente de animales, específicamente, con pulpos. Este trabajo preliminar lo continuó como director del laboratorio para el estudio de los delfines en las Islas Vírgenes y, desde 1963, en la Fundación Oceánica de Hawai.

Bateson fue el más universal y menos clínico de los miembros del proyecto, de modo que sus publicaciones posteriores sólo se relacionan indirectamente con el área clínica. En "Pasos Hacia una Ecología de la Mente"[9] recopila una serie de ensayos que tratan de la ciencia de la mente y el orden, y, que proponen "una nueva manera de pensar sobre las ideas y sobre ese conglomerado de ideas que yo denomino mentes. A esta manera de pensar la llamo Ecología de la mente o la Ecología de las ideas" [19].

Su interés fue cada vez más epistemológico y en ensayos posteriores como "A Formal Approach to Explicit, Implicit and Embodied Ideas and to their Forms of Interaction"[12] propone un paradigma para comprender la forma en que las "ideas" interactúan para construir la realidad. Esta nueva epistemología propuesta por Bateson es reunida en su última obra "Mind and Nature: A Necessary Unity" [20].

---

[18] Bateson G., La Dinámica Grupal de la Esquizofrenia. En: G. Bateson (Comp.), *Pasos Hacia una Ecología de la Mente*, op. cit.

[19] Bateson G., La Ciencia de la Mente y el Orden. En: G. Bateson (Comp.), *Pasos Hacia una Ecología de la Mente*, op. cit.

[20] Bateson G., *Mind and Nature: A Necessary Unity*. E. P. Dutton, LISA, 1979.

# Mental Research Institute (M.R.I.)

Cuando el proyecto llegó a su fin, tanto Haley como Weakland se incorporan al Mental Research Institute (M.R.I.). Éste había sido fundado a fines de 1958 por Don Jackson. A él se unieron Virginia Satir y Paul Watzlawick, entre otros.

Generalmente, al hablar del "Grupo de Palo Alto" y su Enfoque Interaccional de la comunicación, se confunde el denominado Proyecto Bateson o Proyecto del Doble Vínculo con el M.R.I. En realidad, eran dos grupos diferentes que coexistieron estrechamente en términos de reuniones conjuntas, discusiones de casos, etc. El nexo lo constituía Don Jackson quien trabajaba como consultor del Proyecto Bateson y, a la vez, era director del M.R.I. A pesar de su interés común en el Enfoque Interaccional de la comunicación estos grupos nunca se unieron formalmente. Bateson permaneció como el gran mentor teórico de este nuevo enfoque, mientras que Jackson como el gran clínico.

El enfoque pragmático e interaccional de la comunicación, la Teoría del Doble Vínculo, la interacción familiar como un sistema y todas las restantes ideas y conceptos desarrollados a partir del Proyecto Bateson fueron continuados, sistematizados y aplicados a la práctica clínica en el M.R.I. Es allí donde esta nueva forma de conceptualizar la comunicación entre los seres humanos toma el nombre de "Enfoque Interaccional" de la comunicación. Paralelamente a los desarrollos teóricos de este enfoque se explora, enseña y practica una nueva forma de terapia, la Terapia Familiar Conjunta. Ésta no constituye sólo un nuevo método de terapia, sino una nueva manera de conceptualizar los problemas humanos desde la perspectiva del Enfoque Interaccional de la comunicación[21].

Esta nueva tendencia es de alguna manera resumida en la obra: "Pragmatics of Human Communication: A Study of Interactional Patterns, Pathologies and Paradoxes" de Watzlawick, Beavin y Jackson[22]. Esta ya clásica obra trata acerca de los efectos pragmáticos (en el comportamiento) de la comunicación humana y, en particular,

---

[21] Jackson D. D. y Weakland J. H., Conjoint Family Therapy: *Some Consi-derations of Theory*, Technique and Results. En: D. D. Jackson (ed.), *Therapy, Communication and Change*, Science and Behavior Books, USA, 1968,

[22] Watzlawick P., Beavin J. y Jackson D. D.; *Teoría de la Comunicación Humana.* Tiempo Contemporáneo, Buenos Aires, 1971.

sobre los trastornos del comportamiento. Estudia la comunicación tal cual se da en los seres humanos centrada en los efectos y fenómenos interaccionales de dicha comunicación. La obra es un intento de proveer un modelo teórico (y hechos que lo sustentan) de las relaciones formales entre la comunicación y el comportamiento.

Es imposible enumerar las múltiples publicaciones y desarrollos teóricos realizados por los diferentes miembros del M.R.I. Sin embargo, todos ellos comparten la idea de la naturaleza interaccional y pragmática de la comunicación y, en el plano terapéutico, intervienen en forma sistémica y consecuente con esta idea. Algunos de los asociados más destacados del M.R.I., fuera de los ya mencionados, son A. Bodin, A. Ferreira, J. Riskin, y C. Sluzki. Sus aportes, como el de otros asociados pueden ser revisados en la recopilación "The Interactional View"[23].

En 1966, Richard Fisch propone crear el Centro de Psicoterapia Breve del M.R.I. Bajo su dirección se comienzan a investigar los fenómenos implicados en el cambio humano. A partir de esto descubren que deben adoptar nuevos puntos de vista para explicar el proceso de cambio en las personas. Desarrollan ciertas premisas teóricas que dan forma al libro "Change: Principles of Problem Formation and Problem Resolution" de Watzlawick, Weakland y Fisch[24].

El trabajo desarrollado actualmente en el M.R.I. es amplio y variado; sin embargo, se fundamenta en una base común en cuanto a la perspectiva y procedimiento que otorga el Enfoque Interaccional de la comunicación. Los desarrollos actuales del "Grupo de Palo Alto" o M.R.I., pueden ser revisados en su propia revista "Family Process".

LECTURA SUGERIDA
JAY HALEY, Development of a Theory: A History of a Research Project. En: C. Sluzki y D. Ransom (Ed.), *Double Bind: The Foundation of The Communicational Approach to the Family*, op. cit.

---

[21] Watzlawick P. y Weakland J. H., *The Interactional View*. Norton, USA, 1977.
[24] Watzlawick P., Weakland J. H. y Fisch R.; *Cambio: Principios de la Formación y Resolución de Problemas*. Herder, Barcelona, 1976.

# *Bases Teórico-Epistemológicas del Enfoque Interaccional de la Comunicación*

Todo enfoque acerca de la comunicación presupone un tipo particular de epistemología, la cual, generalmente, coincide con el modelo paradigmático de pensamiento de la época en que dicho enfoque es desarrollado. Los tres enfoques descritos hasta ahora, esto es, la Retórica de Aristóteles, la Teoría de la Información de Shannon y Weaver, y el Modelo de la Comunicación Humana de Berlo, privilegian algún aspecto del proceso de comunicación, a saber, el mensaje, el canal y el contexto social, respectivamente; sin embargo, todos ellos comparten ciertas premisas epistemológicas básicas que es importante destacar aquí.

En síntesis, estos enfoques han extrapolado el modelo clásico de las ciencias exactas basados en la lógica aristotélica y la física newtoniana, al campo de la comunicación y el comportamiento humano. De aquí que los enfoques mencionados hayan sido denominados enfoques direccionales de la comunicación[1]. En términos generales, los enfoques direccionales consideran la comunicación como un proceso o cadena de eventos temporalmente ordenados que comienza en el emisor y termina en el

---

[1] Berlo D., Communication as a Process: Review and Commentary. En: B. D. Ruben (Ed.), *Communication Yearbook I*. Transaction Books, USA, 1977.

receptor. El concepto de causalidad que subyace a estos enfoques es el de una causalidad lineal y unidireccional: el evento "A" determina el evento "B", el que a su vez causa el evento "C" y así sucesivamente. La manipulación del emisor, mensaje o canal causa los efectos observados en el receptor, el cual es considerado como un ente que reacciona pasivamente a los eventos que le suceden en esta cadena o proceso de comunicación. Lo que le sucede al receptor es un efecto directo de lo que hace el emisor. La ley de la causa y el efecto (¿por qué? ... porque) sería el principio explicativo adecuado para los comportamientos del receptor. El proceso de comunicación es considerado como una relación en que una persona comunica, controla o le hace algo al receptor. Las reacciones de este último actúan como una variable dependiente del comportamiento inicial e intencional del emisor. En esta relación direccional la comunicación efectiva sería el resultado del control y manipulación por parte del emisor. El invertir la cadena de eventos no modifica el proceso; éste continúa siendo lineal, puesto que las fases del proceso no son de causalidad mutua, sino que cada fase precede o sigue a la otra, implicando una relación causal lineal entre emisor y receptor[2].

El Enfoque Interaccional de la comunicación constituye una nueva forma de conceptualizar el comportamiento humano. Producto de una epistemología fundada en el concepto de información (orden o patrón), deriva sus principios básicos de la cibernética y destaca el carácter circular de la causalidad en la comunicación (retroalimentaclón). Enfatiza asimismo los efectos pragmáticos de la comunicación y considera que ésta constituye un proceso de interacción de naturaleza sistémica.

Una de las afirmaciones fundamentales del Grupo de Palo Alto se refiere a que el Enfoque Interaccional de la comunicación es lógicamente incompatible con las formulaciones clásicas de la comunicación y el comportamiento humano, puesto que se basan en paradigmas epistemológicos discontinuos. Hasta ahora, el psicoanálisis había constituido la teoría de mayor transcendencia en la explicación y tratamiento del comportamiento humano. Si analizamos las premisas epistemológicas de esta teoría descubriremos que se fundamentan en un universo explicado por la conservación y trasformación de la energía. El comportamiento es explicado mediante un modelo hidráulico de la energía psíquica (líbido), enfatizando su carácter intrapsíquico, monádico y de atributos. El concepto de causalidad que subyace a este modelo es necesariamente lineal y unidireccional. De aquí que toda exploración y

---

[2] Cortés C. y Koerner M.; *Feedback, Comunicación y Grupos T*. Tesis para Optar al Titulo de Psicólogo, E.P.U.C., Stgo. de Chile, 1980.

140

explicación del comportamiento esté necesariamente orientada hacia el pasado, hacia las causas pretéritas que explican el comportamiento humano actual (¿por qué? ... porque)[3].

Bateson afirmaba que la diferencia entre el mundo newtoniano y el mundo de la comunicación radica en que el mundo newtoniano adscribe realidad a los objetos excluyendo el contexto y las relaciones. El mundo de la comunicación, en cambio, examina las relaciones prescindiendo de los objetos. En el mundo comunicacional los objetos son pertinentes en la medida que constituyen mensajes o información. En el mundo de la percepción, el pensamiento o la experiencia no caben los objetos, sino sólo las ideas, los mensajes, las relaciones entre dichos objetos. La "realidad" o validez de estos mensajes depende de la confianza que se tenga en ellos. En términos comunicacionales toda afirmación acerca de la realidad es válida, puesto que independientemente de que "empíricamente" sea real, siempre conlleva un valor de mensaje. La comunicación es entonces una actividad simbólica que se basa en convenciones sociales. Y, de acuerdo a lo expuesto, la realidad es en última instancia un producto de la comunicación[4].

Resulta evidente que la comunicación no es un objeto natural, sino una función simbólica, una información o patrón percibido y significado. El mapa no es el territorio. La mente (mapa) siempre opera a una "derivada" del mundo externo (territorio). El mapa sólo contiene un reporte de las diferencias percibidas en el territorio. El dato primario de la experiencia son entonces las diferencias (de textura, luminosidad, volumen, etc.). A partir de estos datos construimos nuestras siempre hipotéticas ideas e imágenes del mundo exterior[5].

Ésta constituye la gran brecha entre la epistemología convencional y la que fundamenta al Enfoque Interaccional. Las propiedades o atributos son sólo diferencias y existen sólo en un contexto, en una relación. Abstraemos de las relaciones y de las experiencias de interacción, y creamos objetos dotados de características particulares, olvidando que los objetos tienen carácter sólo por sus diferencias e interacciones. Incluso nuestro propio carácter y personalidad es sólo real en relación.

---

[3] Watzlawick P. y Weakland J. H., *The Interactional View*. Norton, USA, 1977.

[4] Bateson G., Requisitos Mínimos para una Teoría de la Esquizofrenia. En: G. Bateson (Comp.), *Pasos Hacia una Ecología de la Mente*. Carlos Lohlé, Buenos Aires, 1976.

[5] Bateson G., A Formal Approach to Explicit, Implicit, Embodied Ideas and to their Forms of Interaction. En. C. Sluzki y D. Ransom (Ed.), *Double Bind: The Foundation of the Communicational Approach to the Family*. Grune and Stratton, USA, 1976.

Abstraemos de nuestras experiencias de interacción y diferencias para crearnos un sí mismo[6].

La comunicación y el comportamiento humano permanecerán inexplicados mientras no se incluya el contexto en que tienen lugar. La visión monádica del hombre llevó a atribuirle propiedades intrapsíquicas que quizás se desvanezcan al analizar la relación e interacción de su comportamiento con su contexto. El Enfoque Interaccional se propone investigar no el comportamiento del hombre artificialmente aislado, sino los necesarios efectos de su comportamiento sobre los demás, las reacciones de estos últimos frente a aquel comportamiento y el contexto en que todo ello tiene lugar. El Enfoque Interaccional desplaza su atención hacia la relación entre los comunicantes. La comunicación es considerada entonces como un proceso de interacción[7].

En virtud de este énfasis en la relación, el Enfoque Interaccional se ocupa, fundamentalmente, de la pragmática de la comunicación, esto es, de los efectos de la comunicación sobre el comportamiento. Los términos de comunicación y comportamiento son empleados virtualmente como sinónimos, puesto que desde una perspectiva pragmática todo comportamiento (habla, gestos, movimientos, etc.) es comunicación y toda comunicación, incluso los indicios comunicacionales de contextos impersonales, afecta al comportamiento. Desde una perspectiva interaccional, este enfoque no sólo se ocupa del efecto de una comunicación sobre el receptor, sino también del inseparable efecto que la reacción del receptor tiene sobre el emisor. De aquí entonces que se ocupe no tanto de las relaciones emisor-signo o receptor-signo sino más bien de las relaciones emisor-receptor que se establecen por medio de la comunicación[8].

Tradicionalmente la psicología ha mostrado una tendencia a la concepción monádica, intrapsíquica y de atributos del hombre, y a una cosificación de lo que se manifiesta como patrones de relación e interacción. De aquí que el Enfoque Interaccional haya recurrido a las matemáticas en busca de analogías para describir los fenómenos de la comunicación humana. El concepto matemático de función se refiere a la relación entre variables expresada generalmente como una ecuación. Las variables, en contraste con los números naturales, no tienen una magnitud concreta y perceptible, no tienen significado propio, sino que sólo resultan significativas en su relación mutua. De la misma forma, nuestras percepciones no son cosas u objetos, sino funciones

---

[6] Bateson G., The Birth of a Matrix or Double Bind and Epistemology. En: M. Berger (Ed.), *Beyond the Double Bind.* Brunner/Mazel, USA, 1978.
[7] Watzlawick P., Beavin J. y Jackson D. D., Teoría de la Comunicación Humana. Tiempo Contemporáneo, Buenos Aires, 1971.
[8] Watzlawick P. y Beavin J., Some Formal Aspects of Communication. En: P. Watzlawick y J. H. Weakland (Ed.), *The Interactional View.* Norton, USA, 1977.

en el sentido ya descrito. Incluso la percepción que el hombre tiene de sí mismo es una percepción de funciones, de relaciones en las que participa; por mucho que después pueda cosificar esa percepción y considerarla un atributo intrapsíquico particular susceptible de ser aislado y medido[7].

Como se vio, el psicoanálisis es una teoría que explica el comportamiento a partir de procesos intrapsíquicos y que sólo considera secundariamente la relación entre el individuo y su medio. Al centrar la atención en la interacción es necesario cambiar desde una perspectiva de conservación y trasformación de la energía hacia una perspectiva comunicacional de intercambio de información. Este cambio es ilustrado por un ejemplo aportado por Bateson: si el pie de un caminante choca contra una piedra la energía se transfiere del pie a la piedra y ésta se desplaza y detiene según consideraciones físicas. Si, en cambio, el hombre golpea a un perro éste puede saltar y morderlo de vuelta. Resulta evidente que el perro obtiene la energía de su propio metabolismo y no del puntapié. Lo que se transfiere entonces ya no es energía, sino información. El puntapié es un comportamiento que comunica algo al perro y éste reacciona a esa comunicación con otro acto de comportamiento-comunicación. Esto es, básicamente, la diferencia entre el psicoanálisis y la teoría de la comunicación como principios explicativos del comportamiento humano. Ambos derivan sus principios de paradigmas epistemológicos lógicamente discontinuos[9].

El objeto del presente artículo es revisar los fundamentos teóricos y epistemológicos que conforman el Enfoque Interaccional de la comunicación, destacando las instancias pragmáticas para las cuales estos fundamentos han sido invocados como explicación y justificación. Desarrollaremos las cuatro orientaciones básicas que surgen en la obra del Enfoque Interaccional, a saber: 1) Cibernética y Teoría General de Sistemas; 2) Orientación por Reglas de la Comunicación; 3) Teoría de los Tipos Lógicos de Russell; y 4) Teoría de Grupos de Galois.

# Cibernética y Teoría General de Sistemas

La cibernética constituye la teoría de la transmisión de información y del control de los sistemas desarrollada por Norbert Wiener a fines de la década del cuarenta. En ella describe un mecanismo de control básico,

---

[9] Bateson G., La Dinámica Grupal de la Esquizofrenia. En. G. Bateson (Comp.), *Pasos Hacia una Ecología de la Mente,* op. cit.

la retroalimentación, que permite controlar una acción con el propósito de que ésta sea eficaz. Como participante de las Conferencias Macy en que Wiener introdujo su teoría, Bateson se vió profundamente afectado por las implicaciones epistemologías de la retroalimentación y de los procesos recursivos para el análisis de la comunicación.

La cibernética ha sido considerada como una Teoría Especial de Sistemas, puesto que es posible incluirla en el marco más amplio comprendido por la Teoría General de Sistemas (TGS), uno de cuyos principales precursores fue Ludwig von Bertalanffy. Éste describe la teoría como "la formulación y derivación de principios que son válidos para los sistemas en general"[7]. El Enfoque Interaccional sostiene que la interacción humana puede ser descrita como un sistema caracterizado por las propiedades de los sistemas generales y que la TGS nos permite comprender la naturaleza de estos sistemas interaccionales.

Analizaremos aquí los conceptos y características básicas de los sistemas en general, en los cuales se incluyen los principios cibernéticos, aplicándolos a los sistemas interaccionales en particular. Elegiremos la familia como un sistema interaccional típico y la psicopatología como un aspecto sistémico típico también, para ejemplificar las instancias pragmáticas de los conceptos descritos.

Un sistema es "un conjunto de objetos así como de relaciones entre los objetos y entre sus atributos"[7]. En el caso de los sistemas interaccionales, los objetos son personas que se comunican con otras personas y sus atributos son sus comportamientos comunicacionales. Las relaciones entre ellos mantienen unido al sistema, por lo cual, un sistema interaccional será definido como dos o más comunicantes en el proceso de definir la naturaleza de su relación. Implícita en esta definición está la variable tiempo que les confiere a los sistemas un carácter de proceso en el cual podemos distinguir ciertos estados del sistema y cualquier cambio en dicho estado.

Otro aspecto, importante de la definición de un sistema es la definición de su medio, que corresponde "al conjunto de todos los objetos cuyos atributos al cambiar afectan al sistema y también a aquellos objetos cuyos atributos son modificados por el comportamiento del sistema"[7]. Es evidente entonces que cualquier sistema puede ser subdividido, a su vez, en subsistemas y que los objetos pertenecientes a un sistema pueden considerarse como parte del medio de otro sistema. En este sentido, los sistemas son abiertos y se hallan ordenados en una jerarquía.

Un sistema interaccional diádico, por ejemplo, puede ser ubicado dentro de un sistema mayor (familia) y éste, a su vez, dentro de uno mayor aún (comunidad) y así sucesivamente. A la vez, estas personas que se comunican pueden superponerse con otras personas que se comunican, originándose así relaciones verticales y horizontales entre subsistemas interaccionales.

Una propiedad inherente de los sistemas es la totalidad. Es decir, un sistema se comporta como un todo inseparable y coherente. Sus diferentes partes están interrelacionadas de tal forma que un cambio en una de ellas provoca un cambio en todas las demás y en el sistema total. De aquí que un sistema no es la simple suma de sus partes, sino que la interrelación de dos o más partes resulta en una cualidad emergente (Gestalt) que no se explica por las partes consideradas separadamente.

Esta propiedad es fundamental al considerar el comportamiento de los sistemas interaccionales. La interacción de los sistemas no es una suma de propiedades individuales tales coma roles, valores, expectativas, etc., de sus participantes, sino que constituye un patrón emergente de las secuencias comunicacionales recíprocas e inseparables de sus participantes. En este sentido, la comunicación y el comportamiento humano hay que considerarlos en su contexto sistémico y no aislarlos artificialmente y tratarlos como atributos individuales. El comportamiento (o patología) de una persona hay que considerarlo en su relación con el sistema interaccional mayor del que forma parte, típicamente, su familia. De la misma forma, cualquier intervención debe ser realizada y dirigida al sistema; de aquí el énfasis casi exclusivo del Enfoque Interaccional en realizar lo que se ha denominado Terapia Familiar Conjunta[7].

Dentro de la familia, el comportamiento de cada miembro está relacionado con el de los demás miembros y depende, a la vez, de ellos. En virtud de que todo comportamiento posee un valor comunicativo, influye sobre los demás y es influido por éstos. De la misma manera, no se puede considerar a una familia como la suma de los "atributos" de sus miembros individuales. La familia presenta patrones interaccionales emergentes típicos que trascienden las características individuales de sus miembros; como ser, las alianzas que se establecen entre ellos, el tipo de relación que comparten (simétricas o complementarias), los mitos familiares, etc. Incluso el comportamiento sintomático de una persona adquiere sentido y función dentro del sistema interaccional mayor representado por la familia[10].

---

[10] Haley J., *Estrategias en Psicoterapia*. Toray, Barcelona, 1966.

En un sistema caracterizado por su totalidad no son posibles las relaciones unilaterales de causalidad lineal entre las partes en que, por ejemplo, A causa a B, pero no viceversa. Los sistemas se distinguen por su causalidad circular, es decir, en un sistema interaccional, como la familia, las interacciones entre sus miembros representan una totalidad, donde el comportamiento de uno causa el del otro, éste la reacción posterior del primero y así sucesivamente. La causalidad circular es posible gracias al mecanismo de control por excelencia de los sistemas: la retroalimentación. Esta y la circularidad constituyen el modelo causal adecuado para el análisis de los sistemas interaccionales, puesto que sus miembros se influyen mutuamente y no unilateralmente.

La retroalimentación se refiere a aquel flujo circular de información que vuelve a introducirse al sistema para informarle acerca de los efectos de sus acciones anteriores con el objeto de que pueda controlar y corregir sus acciones futuras, y lograr el objetivo establecido. Una cadena en que el hecho "a" afecta al hecho "b" y "b" afecta luego al "c", y "c" a "d", y así sucesivamente, tendría las propiedades de un sistema determinista lineal, unidireccional y progresivo del tipo causa-efecto. Sin embargo, si "d" lleva nuevamente a "a", el sistema es circular y funciona en forma autocorrectiva. No es necesario entonces recurrir a explicaciones deterministas ni teleológicas para explicar la estabilidad y cambio de un sistema, sino solo al mecanismo de retroalimentación. El control de todos los parámetros fundamentales para la vida (temperatura corporal, presión arterial, ritmo cardíaco, etc.) nos proporcionan un bello ejemplo de la eficacia de la retroalimentación[7].

La retroalimentación puede ser positiva o negativa. En el caso de la retroalimentación negativa, aquella parte de la salida de un sistema que vuelve a introducirse en el sistema como información de dicha salida, se utiliza para corregir y disminuir la desviación de la salida con respecto a una norma establecida. La retroalimentación negativa es importante entonces para la homeostasis de un sistema, esto es, para el logro y mantenimiento de la estabilidad. En la retroalimentación positiva, la misma información actúa como una medida para aumentar la desviación de la salida llevando al cambio o pérdida de la estabilidad[2].

El Enfoque Interaccional sostiene que los sistemas interpersonales (desconocidos, amigos, familias, etc.), pueden entenderse como circuitos de retroalimentación, puesto que el comportamiento de cada persona afecta el comportamiento de cada una de las otras personas y es, a su vez, afectado por éstas. En una secuencia interaccional la respuesta de un comunicador actúa como estimulo para la respuesta del otro. El comportamiento de uno causa el comportamiento del otro y éste, a su vez, causa el del primero y así sucesivamente. Los diferentes participantes de una interacción se relacionan en forma circular. Es por esto que no tiene sentido hablar de quién es el causante inicial de una comunicación o interacción. En ésta no hay comienzo ni fin, así como no lo hay en un circulo. La importancia pragmática del concepto de retroalimentación y causalidad circular radica en que, con demasiada frecuencia, se corta arbitrariamente esta cadena de interacciones circulares y se identifica un comportamiento como efecto exclusivo del comportamiento del otro (ella se deprime, porque él, la regaña), sin considerar que, a su vez, este comportamiento provoca el del primero (él la regaña, porque ella se deprime). Lo importante aquí no es considerar quién fue el primero en comunicar algo (repetimos, no existe un primero en un círculo), sino considerar la interacción circular global y su sentido o función para el sistema mayor (pareja, familia, etc.).

Como ya se vio, el concepto de homeostasis se refiere a la estabilidad, equilibrio o estado constante de un sistema frente al cambio externo. Este equilibrio es generalmente mantenido mediante la retroalimentación negativa. En el caso de los sistemas interaccionales que permanecen unidos, como la familia, deben caracterizarse por cierto grado de retroalimentación negativa que les permita soportar los cambios impuestos por el medio y sus miembros individuales. Las familias perturbadas son particularmente resistentes al cambio e insisten en mantener el statu quo mediante una retroalimentación negativa. En familias con un miembro identificado como esquizofrénico, la existencia de éste es esencial para mantener la homeostasis familiar. De aquí que la familia reacciona eficaz y hasta violentamente frente a cualquier intento interno o externo (intervención terapéutica, por ejemplo), de introducir un cambio (mejoría del miembro) en su sistema.

Otra característica fundamental de los sistemas es la denominada equifinalidad, mediante la cual estados finales idénticos pueden ser alcanzados desde condiciones iniciales diferentes y a través de diferentes vías de desarrollo. En los sistemas de retroalimentación, los resultados o alteraciones del estado del sistema luego de cierto intervalo de tiempo no están determinados por las condiciones iniciales, sino por la naturaleza misma del proceso. De esta forma, idénticos resultados pueden tener orígenes muy diversos. Los resultados son independientes de las condiciones iniciales[11].

---

[11] Wilder C., The Palo Alto Group: Difficulties and Directions of the Interactional View for Human Communication Research. *Human Communication Research*, Winter, 1979.

En los sistemas interaccionales, el comportamiento de las personas tiene una función sistémica independiente de su origen. De aquí que los comportamientos perturbados o síntomas deben estudiarse sólo en el contexto interpersonal en que se producen, típicamente, la familia. Estos comportamientos no son el resultado ni la causa de estas relaciones complejas, sino una parte integrada del sistema global en curso. En el mejor de los casos, no sería un miembro particular el esquizofrénico, sino la familia la que se relaciona esquizofrénicamente, retomando el ejemplo anteriormente expuesto.

La importancia del concepto de equifinalidad radica en que es posible explicar el comportamiento de un sistema dado por el estado actual en que se encuentra; cualquier referencia al pasado o causas pretéritas es innecesaria. Bateson ofrece una analogía con el desarrollo de una partida de ajedrez. En cualquier momento dado, el estado del juego puede entenderse exclusivamente a partir de la configuración actual de las piezas sobre el tablero, sin necesidad de apelar a un registro de los movimientos anteriores [7].

De la misma forma, el comportamiento de una persona puede ser comprendido exclusivamente a partir de la configuración actual de sus interacciones, sin necesidad de hacer referencia a sus orígenes pasados o a sus motivaciones inconscientes. Bateson planteaba que el psicoanálisis estaba "pies para arriba" al considerar que el inconsciente puede y debe ser hecho consciente mediante el "insight". Según él, el inconsciente se manifiesta continuamente en el intercambio de mensajes y no es necesario ir más allá del comportamiento para comprender las interacciones. Asimismo, el que un comportamiento sea consciente o inconsciente es sólo una atribución de significado que realiza un comunicador frente al comportamiento del otro; es su propia evaluación acerca de lo que sucede en la mente del otro. La imposibilidad de observar el funcionamiento de esa mente, sino mediante interpretaciones o atribuciones subjetivas de validez cuestionable, ha llevado a centrarse en las relaciones de las entradas y salidas al sistema (mente, familia, etc.) y en la función de dicho sistema dentro del sistema más amplio del que forma parte. Para explicar el comportamiento, entonces, no es necesario recurrir a ninguna hipótesis intrapsíquica imposible de verificar, sino sólo limitarse a describir la interacción, comunicación y relaciones observables entre las diferentes partes de un sistema[12].

---

[12] Bateson G., Estilo, Gracia e Información en el Arte Primitivo. En: G. Bateson (Comp.). *Pasos Hacia una Ecología de la Mente*, op. cit.

Las consecuencias pragmáticas de la equifinalidad para el modelo terapéutico del Enfoque Interaccional radican en que éste se centra en qué es comúnmente observable en un sistema interaccional, en lugar de por qué está sucediendo o llegó a ser de esa manera. Si el mismo comportamiento puede originarse de causas completamente diferentes es más efectivo centrarse en el proceso presente. Prescindiendo del origen o etiología de los problemas humanos, estos problemas persisten sólo si son mantenidos por los sistemas de interacción actuales. Es necesario, entonces, actuar a nivel sistémico y cambiar las interacciones que mantienen el problema, sin considerar su origen o duración. La terapia toma, entonces, una orientación sistémica breve[13].

La búsqueda de causas en el pasado mediante interpretaciones constituye un acto de fe fácilmente distorsionable y refutable. Al observar directamente la interacción entre los miembros de un sistema interaccional es posible identificar patrones de comunicación que revelan los problemas presentes. El Enfoque Interaccional enfatiza la búsqueda de patrones de interacción en el aquí y el ahora, y descarta la búsqueda de causas o motivaciones pasadas de significado simbólico.

De la misma forma, enfatiza la descripción de los efectos pragmáticos de la comunicación y el comportamiento en la interacción de los miembros de un sistema, en lugar de las causas hipotéticas. Es decir, no se centra en el por qué de un comportamiento o síntoma, sino que en el para qué de ese comportamiento dentro del sistema interaccional mayor formado por la pareja, familia, etc. El comportamiento es estudiado en el contexto de la interacción presente de los individuos. Típicamente, los síntomas constituyen fragmentos de comunicación con efectos pragmáticos importantes en el sistema interaccional del cual la persona forma parte.

Este aspecto es particularmente importante en los sistemas interaccionales estables como en el caso de amigos, familia, etc. Las relaciones estables se distinguen por ser importantes para sus participantes y duraderas. En estos sistemas la comunicación tiene un efecto limitador: todo intercambio de mensajes disminuye el número de movimientos siguientes posibles. Los mensajes intercambiados limitan las interacciones posteriores. Cada nuevo intercambio de mensajes va definiendo y limitando la relación entre los participantes, de tal modo que ciertos comportamientos son posibles y otros no.

---

[13] Wilder C., From the Interactional View. A Conversation with Paul Watzlawick. *Journal of Communication*, Vol. 28 N° 4, 1978.

Las reglas de relación constituyen la estabilización del proceso de definir la relación en un sistema interaccional. Los comportamientos posibles en una relación se ven limitados por estas reglas de relación y ciertos patrones de comportamiento se vuelven redundantes.

Uno de los objetivos del Enfoque Interaccional es comprender las disfunciones de un sistema interaccional a través de la observación. Según Bateson la razón de ser de la comunicación es crear "redundancia, significado, patrón, predictibilidad, información y reducción del azar mediante la restricción"[12]. Los sistemas interaccionales se mantienen por patrones redundantes de interacción. La identificación de estas secuencias recurrentes de comportamiento es esencial para comprender las disfunciones de los sistemas. Watzlawick et al., plantean que existen patrones redundantes de comportamiento que mantienen y exacerban los problemas. Argumentan que, generalmente, la acción empleada para aliviar el comportamiento de la otra persona, lo agrava, en cambio, creando un circuito de retroalimentación positiva o juego sin fin ("mientras él más la regaña, ella más se retrae; mientras ella más se retrae, él más la regaña"). Son patrones redundantes y autorreforzantes de comportamiento entre los miembros de un sistema que es necesario describir y modificar[14].

Volviendo al concepto de homeostasis familiar, Jackson sugirió que las familias interactuaban sobre la base de un conjunto finito y económico de normas derivadas de las reglas de relación y que les permitía mantener su equilibrio. Vimos ya cómo cuando un paciente mejoraba en el núcleo de una familia, ésta reaccionaba tratando de evitarlo o alterando todo su funcionamiento o substituyendo la "enfermedad" en ese miembro por la enfermedad en otro.

Sin embargo, la familia como todo sistema también experimenta crecimiento, aprendizaje y cambio. Este cambio es producto básicamente de la retroalimentación positiva al sistema. Ésta actúa sobre cierto rango de variación fijo o calibración. Sin embargo, la calibración también puede sufrir cambios conocidos como funciones escalonadas. En las familias las funciones escalonadas ejercen un efecto estabilizador que recalibran el sistema. Ejemplo de estas funciones escalonadas las tenemos en la maduración de los hijos y los padres, el matrimonio y alejamiento de los hijos, la jubilación, etc. Todos estos son cambios en la calibración de la familia; alteran su nivel normal de equilibrio y lo reestablecen a otro nivel[7].

---

[14] Watzlawick P., Weakland J. H. y Fisch R. *Cambio: Principios de la Formación y Resolución de Problemas*. Herder, Barcelona, 1976.

Finalmente, cabe destacar la relatividad que asumen los conceptos de normalidad y anormalidad dentro de un enfoque sistémico como el descrito. Como vimos, el comportamiento sintomático (y todo comportamiento) es considerado en el contexto del sistema mayor en que se inscribe y, en este sentido, constituye un comportamiento adecuado a una situación interaccional determinada. Las "enfermedades", en este sentido, constituyen patrones de interacción y no atributos individuales, lo que cambia totalmente la perspectiva epistemológica, etiológica y terapéutica del comportamiento humano [1].

# Orientación por Reglas de la Comunicación

En 1965, Don Jackson publica su artículo "The Study of the Family", donde hace una presentación comprehensiva de los principios de la teoría y terapia familiar, desarrolladas en el MRI bajo su dirección. En dicho artículo propone una teoría familiar basándose en el modelo de la familia como un sistema homeostático gobernado por reglas. Plantea así el novedoso concepto de reglas familiares como determinantes del comportamiento, en una época en que el enfoque prevaleciente era el de necesidades, impulsos, rasgos de personalidad, etc.

El enunciado fundamental de la teoría familiar afirma que la familia es un sistema gobernado por reglas, es decir, que sus miembros se comportan entre sí de una manera organizada y repetitiva, y que estos patrones de comportamiento pueden ser abstraídos como los principios gobernantes de la vida familiar[16].

La naturaleza, organizativa de la interacción familiar se desprende tanto de la observación clínica de familias interactuando como de una deducción lógica de la teoría de la comunicación expuesta por Bateson que permite plantear la hipótesis de las reglas familiares. De acuerdo a lo afirmado por Bateson (1951), toda comunicación tiene un aspecto referencial o de contenido y un aspecto conativo o relacional. El aspecto referencial de la comunicación es aquel que transmite la información acerca de los objetos, hechos, opiniones, sentimientos, experiencias, etc., y corresponde al contenido del mensaje. Por ejemplo, "hoy está lloviendo". El

---

[15] Haley J., Development of a Theory: A History of a Research Project. En: C. Sluzki y D. Ransom (Ed.). *Double Bind: The Foundation of the Communicational Approach to the Family*, op. cit.
[16] Jackson D., The Study of the Family. En: P. Watzlawick y J. H. Weakland (Ed.). *The Interactional View*, op. cit.

aspecto conativo de la comunicación es aquella instrucción implícita en todo mensaje que indica cómo debe ser entendida esta información; es aquella instrucción que define la naturaleza de la relación entre los comunicantes. El aspecto conativo del ejemplo anterior podría ser parafraseado de la siguiente manera: "al decirte 'hoy está lloviendo'(y decírtelo en esta forma particular), tú me debes ver a mí como amigo (o enemigo o desconocido, etc.) en relación a ti". En general se acepta que el aspecto relacional clasifica un aspecto referencial y es, por lo tanto, una metacomunicación[17].

En toda comunicación, entonces, los participantes buscan determinar la naturaleza de su relación ofreciéndose mutuamente definiciones de dicha relación. Cada uno responde al otro con su propia definición de la relación que puede reafirmar, negar o modificar la primera. En una relación importante y perdurable, la definición de la naturaleza de esa relación no puede no ser alcanzada ni tampoco puede ser un proceso librado al azar. El intercambio de definiciones de la relación debe estabilizarse o provocar una ruptura de la relación (divorcio, abandono, etc.), lo cual constituye otra forma de definir la relación.

De este modo, se deduce que las familias que permanecen juntas han logrado estabilizar el proceso de definir la naturaleza de su relación, han llegado a un acuerdo acerca de una definición mutuamente aceptable de su relación o, por lo menos, acerca de los límites de diferencias que permite dicha relación. Estos acuerdos acerca de la relación son denominados reglas familiares. Estas reglas familiares prescriben y limitan el comportamiento de los miembros en áreas de diverso contenido, organizando su interacción en un sistema razonablemente estable. El hecho que los miembros familiares estén de acuerdo con sus reglas de relación no significa que el proceso de definir la relación sea consciente. La mayoría de las reglas de relación no son conscientes para sus miembros.

Consideremos el caso de una primera cita en que él llega tarde. Supongamos que ella se demora el mismo tiempo que él se retrasó, en recibirlo. El recibirá entonces el mensaje que ella no tolerará que la dejen esperando. Supongamos, además, que él le propone salir y ella junto con aceptar elige el lugar. Estos breves intercambios podrían generar una regla de igualdad en la relación que se confirmaría con cada nuevo intercambio. Se puede ilustrar así el curso probable que sigue el desarrollo de reglas de relación [16].

---

[17] Bateson G., Información y Codificación: Un Enfoque Filosófico. En: J. Ruesch y C. Bateson. *Comunicación: La Matriz Social de la Psiquiatría*. Paidós, Bs. As., 1965.

Las reglas familiares pueden ser inferidas a partir de los patrones redundantes de comportamiento que se observan en la interacción de los miembros de una familia. Si uno puede inferir las reglas generales que gobiernan una familia, entonces todo su complejo comportamiento puede ser descrito según patrones, puede ser comprendido y anticipado.

La regla es una inferencia, una abstracción, una metáfora acuñada por un observador para describir las redundancias que observa en una interacción. Una regla es una fórmula para relacionarse. Por ejemplo, "aquí todos somos iguales", "la autoridad de la madre debe ser respetada", "aquí mandan los hombres", "nadie debe tratar de sacar ventajas", etc.

Las reglas de relación familiar son también denominadas normas. Las normas son generalmente únicas para cada familia, aun cuando un determinado conjunto de normas sea más común en una cultura que en otra. La norma es una línea base que describe la redundancia del comportamiento familiar y alrededor de la cual este comportamiento varia en mayor o menor medida (Fig. 1).

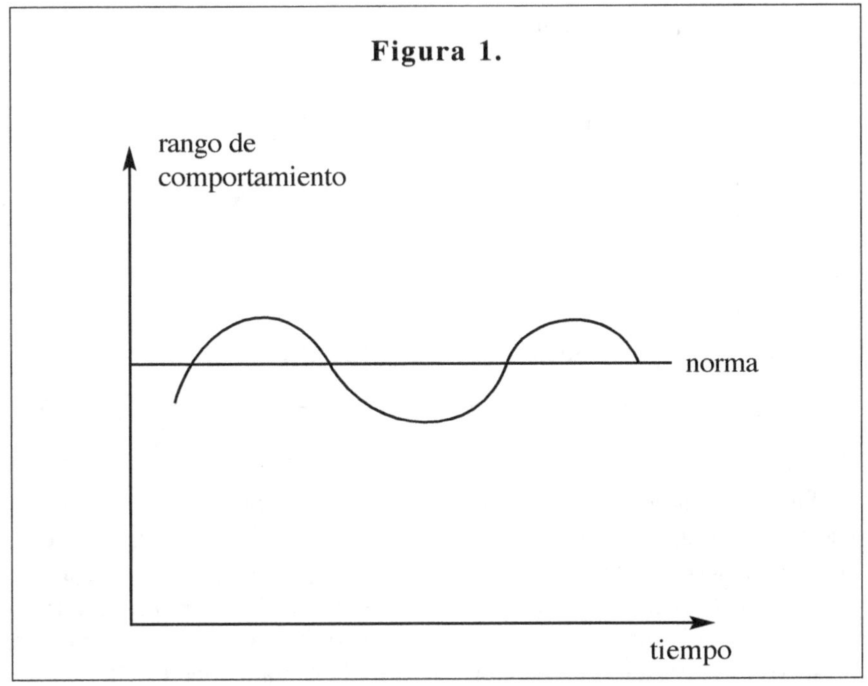

**Figura 1.**



Un aspecto importante de las normas son los mecanismos homeostáticos mediante los cuales las normas son delimitadas y reforzadas. En un sistema interaccional ya establecido, los mecanismos homeostáticos operan restringiendo el comportamiento para adaptarlo a la norma. Los mecanismos homeostáticos son comportamientos que delimitan la fluctuación de otros comportamientos en torno a la norma. Cuando un comportamiento se desvía de la norma, los mecanismos homeostáticos (gestos, verbalizaciones, movimientos, etc.) operan para restringirlo al rango permitido por la norma; restituyen el equilibrio. Los comportamientos homeostáticos clasifican otros comportamientos de la interacción familiar y operan, por lo tanto, como metacomunicación. De este modo, si la norma de una familia es que no haya desacuerdo entre sus miembros, por ejemplo, cuando este desacuerdo se presenta y se hace evidente, se podrá observar una inquietud general, un cambio de tema, un comportamiento, etc.; cualquier mecanismo homeostático que corrija el comportamiento desviado y lo vuelva a la norma (no desacuerdo). Esto queda ilustrado por la figura 2 [16].

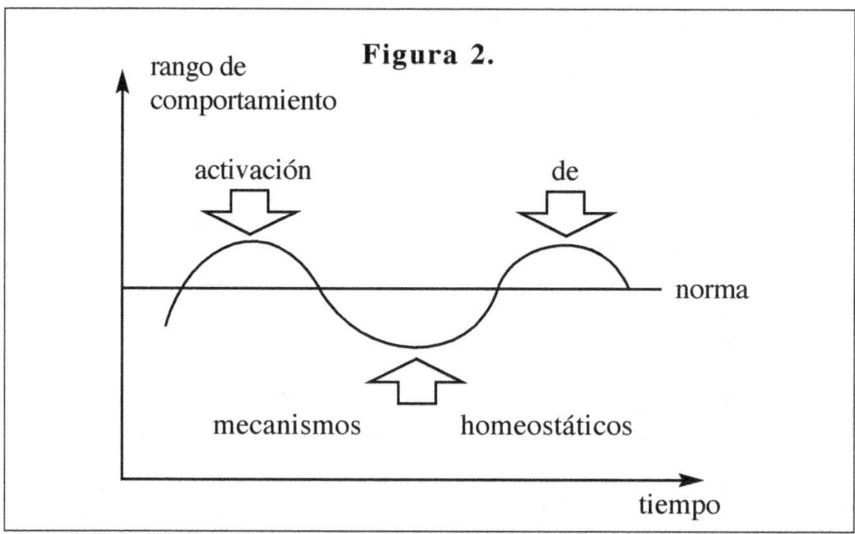



Fue la observación de los mecanismos homeostáticos en las familias de pacientes psiquiátricos lo que condujo a la hipótesis de la familia como sistema homeostático gobernado por reglas. Las normas se tornan evidentes al observar la reacción familiar a su trasposición. Esto permite inferir la regla que ha sido traspuesta. Un ejemplo típico de estos mecanismos homeostáticos es la reacción inmediata y a veces violenta de una familia ante la recuperación de uno de sus miembros identificado como esquizofrénico.

Una clase especial de mecanismo homeostático son los valores. Los valores son empleados como tácticas interpersonales que afirman o refuerzan una norma. Por ejemplo, si una norma prescribe el desacuerdo y una discusión familiar comienza a desbordar los límites permitidos por dicha norma, entonces, un miembro cualquiera puede invocar el valor de la paz para corregir el comportamiento desviado y reestablecer el orden familiar dentro del rango permitido por la norma. Los valores representan una coalición extrafamiliar (con una religión, sociedad, cultura, etc.) que permite nivelar las relaciones familiares[16].

Finalmente, Jackson distingue el concepto de regla del concepto de rol. El rol constituye una definición cultural a priori de ciertos comportamientos individuales que deberían presentar los miembros de una familia. La regla, en cambio, se infiere a partir de la observación de patrones interaccionales de comportamiento en un sistema familiar particular[16].

En 1965, Watzlawick, Beavin y Jackson publican el libro "Pragmatics of Human Communication: A Study of Interactional Patterns, Pathologies and Paradoxes", donde extienden el concepto de regla familiar. Plantean que la comunicación, en su sentido más amplio, está tan gobernada por reglas como el lenguaje natural es determinado por su gramática y su sintaxis. La interacción se basa en algo similar a un código, una gramática, un cálculo, y todos sus participantes están sujetos a obedecer, en mayor o menor medida, este cuerpo general de reglas de la comunicación. Estas reglas están, en general, fuera de la percatación de los participantes implicados en la interacción. Así como es posible hablar una lengua correcta y fluidamente sin tener conocimiento alguno de su gramática, al interactuar las personas obedecen reglas de comunicación, pero las reglas mismas, la gramática o cálculo de la comunicación es algo de lo cual los participantes no se percatan. Los autores formulan algunos axiomas básicos de este cálculo de la comunicación, muestran cómo estos axiomas determinan la interacción humana y describen los tipos de patología que surgen cuando estos axiomas son violados.

El concepto de proceso estocástico de la teoría de la información se refiere a aquellos procesos que muestran redundancia, es decir, que contienen ciertas secuencias de configuración repetitivas y más probables que otras. El ejemplo más típico es el del lenguaje. Cada uno de nosotros posee conocimientos acerca de la legitimidad y probabilidad de ciertas secuencias de letras y palabras en el castellano, lo cual nos permite corregir errores de imprenta, completar omisiones en una frase, anticipar cómo habrá de terminar una frase de algún otro, etc. Sin embargo, este conocimiento permanece fuera de nuestra percatación y sólo un experto en información puede establecer explícitamente las probabilidades de dichas secuencias. Hablamos correctamente, pero no tenemos conocimiento explícito de las reglas que seguimos al hablar. Dominar un idioma, entonces, y saber algo acerca de ese idioma son dos tipos distintos de conocimientos[18].

La redundancia pragmática de la comunicación es similar a la redundancia semántica y sintáctica descrita. En una interacción también podemos corregir, completar y anticipar el comportamiento de otro. Somos particularmente sensibles a las incongruencias en el comportamiento, al comportamiento que está fuera de contexto, al comportamiento azaroso, al comportamiento simulado, etc. Es decir, nos comunicamos y relacionamos según reglas, pero no nos percatamos de las reglas que guían nuestro comportamiento, no percibimos explícitamente las reglas que siguen nuestra comunicación cuando es eficaz y las que viola cuando es perturbada. Nos comunicamos constantemente y somos casi incapaces de comunicarnos acerca de la comunicación.

Si se observa detenidamente la interacción humana es posible identificar las configuraciones redundantes en el comportamiento; es posible, entonces, postular un "programa", un conjunto de reglas que subyacen a estas redundancias. La redundancia pragmática puede ser analogada al concepto matemático de cálculo. Un cálculo es "un método que se basa en el empleo de símbolos, cuyas leyes de combinación son conocidas y generales, y cuyo análisis permite una interpretación congruente"[7]. Al comunicarnos, entonces, seguimos un método, nos guiamos por reglas, realizamos un cálculo pragmático.

La estructura formal de las matemáticas es un cálculo, una operación metódica y reglamentada de números y signos algebraicos. Sin embargo, cuando los matemáticos quieren referirse explícitamente a ese cálculo lo expresan mediante el lenguaje natural que, en este caso, constituye la metamatemática. Análogamente, nos comunicamos siguiendo un cuerpo general de reglas que guían nuestros comportamientos. Si queremos expresar este conjunto de reglas, comunicarnos acerca de la comunicación, debemos recurrir, entonces, a la metacomunicación. A diferencia de la metamatemática, sin embargo, la metacomunicación plantea un obstáculo insalvable hasta el momento: poseemos tan sólo un lenguaje (el lenguaje natural) para describir tanto la comunicación como la metacomunicación; nos comunicamos y metacomunicamos en el mismo lenguaje. Dado que la comunicación y la metacomunicación son conceptos de tipo lógico diferente, esta situación presenta todos los ingredientes necesarios para generar todo tipo de paradojas [7].

---

[18] Bateson G., La Explicación Cibernética. En: G. Bateson (Comp.), *Pasos Hacia una Ecología de la Mente*, op. cit.

156

Es posible establecer una analogía entre el concepto matemático de cálculo y un juego de ajedrez, como una instancia especial de interacción humana. Como lo describen Nagel y Newman: "las piezas y los casilleros del tablero corresponden a los signos elementales del cálculo; las posiciones siguientes de las piezas sobre el tablero, a los teoremas; y las reglas del juego, a las reglas de derivación del cálculo. Pueden establecerse teoremas generales de metaajedrez, cuya prueba implica sólo un número finito de configuraciones permisibles sobre el tablero. El teorema del metaajedrez acerca del número de movimientos iniciales posibles para Blanco puede establecerse de esta manera y lo mismo ocurre con el teorema del metaajedrez según el cual si Blanco tiene sólo dos alfiles y el rey, y Negro sólo un rey, es imposible que Blanco dé jaque mate a Negro"[7].

Si se amplía la analogía para incluir a los jugadores se ingresa en el campo de la metacomunicación, puesto que se describen las reglas que gobiernan las secuencias de interacción humana. Si se observa que el comportamiento "a" efectuado por un comunicante (cualesquiera que sean sus "razones") provoca el comportamiento b, c, d, o e, en el otro, mientras que excluye los comportamientos x, y, y z, entonces es posible postular un teorema metacomunicativo. Toda interacción puede definirse como una secuencia de "movimientos" estrictamente gobernados por reglas acerca de las cuáles pueden hacerse afirmaciones metacomunicativas significativas.

Existe entonces un cálculo de la pragmática de la comunicación humana cuyas reglas se observan en la comunicación eficaz y se violan en la comunicación perturbada. El Enfoque Interaccional de la comunicación pretende describir ese cuerpo general de reglas que gobiernan la comunicación e interacción humana.

# Teoría de los Tipos Lógicos

Sin lugar a dudas, el Enfoque Interaccional de la comunicación hace de la teoría de los Tipos Lógicos el constructo epistemológico central en la descripción en términos de niveles de la naturaleza general de la comunicación y de sus perturbaciones. La Teoría de los Tipos Lógicos fue desarrollada por Russell y Whitehead en su monumental obra "Principia Mathematica"[19] como una explicación formal de los

---

[19] Whitehead A. N. y Russell B., *Principia Mathematica*, Cambridge University Press, Cambridge, 1910.

sistemas lógico-matemáticos y, particularmente, como una posible solución a las paradojas que dichos sistemas generan y para las cuales no había solución hasta entonces. Sin embargo, fue Bateson la primera persona en extrapolar esta teoría al estudio de las paradojas de abstracción en la comunicación.

Antes de enunciar los postulados fundamentales de la Teoría de los Tipos Lógicos desarrollaremos el tipo de paradoja lógico-matemática a la cual esta teoría dio solución y que es conocida como la paradoja de las clases de clases o paradoja de Russell. Definiremos la paradoja como "una contradicción que resulta de una deducción correcta a partir de premisas congruentes"[7], por lo cual es importante que razonemos rigurosamente en el ejemplo a desarrollar.

Definamos una clase como aquello que representa la totalidad de los "objetos" unidos por una propiedad o característica común y definamos los miembros como los componentes de dicha totalidad. Así, por ejemplo, la clase de los animales incluye a todos y cada uno de los diferentes animales del planeta. Habiendo establecido la clase de los animales, el resto de todos los demás objetos del universo pueden considerarse como la clase de los no animales, pues todos ellos tienen en común, al menos, la propiedad de no ser animales. Afirmar que un objeto pertenece simultáneamente a ambas clases constituye una contradicción, puesto que nada puede ser un animal y no serlo al mismo tiempo. Si nos ocupamos ahora de las clases, descubriremos que éstas pueden ser miembros de sí mismas o no serlo. Por ejemplo, la clase de los animales no es en sí misma un animal, pero la clase de los conceptos constituye en sí misma un concepto. Afirmar que una de estas clases es y no es a la vez miembro de sí misma constituye una contradicción. Consideremos ahora que todas las clases que son miembros de sí mismas pueden ser reunidas en una nueva y única clase llamada A, y todas las clases que no son miembros de sí mismas en la clase B. La pregunta ahora es; ¿la clase B es o no miembro de sí misma? Hemos generado la famosa paradoja de "la clase de las clases que no son miembros de sí mismas". Si la clase B es un miembro de sí misma resulta entonces que no es miembro de sí misma, puesto que B es la clase de las clases que no son miembros de sí mismas. Por otra parte, si B no es miembro de sí misma, entonces precisamente es miembro de sí misma, por no ser miembro de sí misma. No se trata ya de una simple contradicción, sino de una auténtica paradoja: B es miembro de sí misma si y sólo si no es miembro de sí misma, y viceversa. El resultado es una regresión infinita.

Este tipo de paradojas puede tomar la forma de un problema de ingenio un preguntarnos si existe el barbero que afeite exclusivamente a todas aquellas personas que no se afeitan a sí mismas. O una forma inquietantemente real cuando alguien afirma "estoy mintiendo". Dado que esta última expresión se incluye a sí misma, resulta entonces que si la persona está mintiendo, es falsa su afirmación "estoy mintiendo"; es decir, no está mintiendo. Pero si no está mintiendo entonces es verdadera su afirmación "estoy mintiendo", es decir, está mintiendo. Luego si está mintiendo entonces ... Nuevamente nos hallamos presos en una regresión paradójica infinita donde algo es falso cuando es verdadero y, a la vez, verdadero cuando es falso.

La teoría de los Tipos Lógicos vino a establecer un ordenamiento jerárquico riguroso de los niveles de abstracción en el manejo de los conceptos de la lógica con el objeto de evitar el tipo de paradoja recién expuesto. Para ello enuncia un principio fundamental, el cual postula que "todo lo que incluye a la totalidad de un conjunto no debe ser parte del conjunto"[19]. En otras palabras, una clase no puede ser un miembro de sí misma ni un miembro de la clase puede ser él mismo la clase. Existe una discontinuidad conceptual entre la clase y sus miembros: cada uno se ubica en un nivel de abstracción o tipo lógico diferente en la jerarquía de tipos. La clase es de un tipo lógico superior al de sus miembros. La clase incluye a los miembros, pero no puede incluirse a sí misma. Esto resulta evidente cuando consideramos que la clase de los animales no es en sí misma un animal como tampoco un animal cualquiera constituye él mismo la clase de los animales. El descuidar la importante distinción entre clase y miembro y adjudicar incorrectamente una propiedad particular de los miembros a la clase o viceversa constituyen errores de tipificación lógica que generan paradojas.

Constituye un error, por ejemplo, afirmar que la clase de conceptos es miembro de sí misma, puesto que también constituye un concepto. En realidad constituye un concepto, pero de un orden superior al de los conceptos que incluye como sus miembros. Se necesita ascender en el nivel de abstracción o tipo lógico para considerar a la clase de los conceptos como un concepto. Es el lenguaje el que nos impone ciertas barreras aquí, pues nos referimos con un mismo término a órdenes de abstracción diferentes. Lo mismo sucede en el caso de la clase de las clases que no son miembros de sí misma. El error está aquí en aplicar una propiedad de los miembros (no ser miembro de sí misma) a la clase. Esto se repite en la afirmación "estoy mintiendo". Esta expresión constituye, por así decirlo, la clase que incluye una serie de eventos respecto a los cuales la persona puede estar mintiendo. Sin embargo, esta propiedad de los miembros (ser falsos) no debe ser aplicada a la clase, es decir, a la afirmación misma, pues de hacerlo se genera la paradoja ya descrita. Finalmente, en el caso del barbero debe considerarse a éste también como la clase para la cual no vale la definición de "no afeitarse a sí mismo".

La Teoría de los Tipos Lógicos constituye el constructor epistemológico central del pensamiento de Bateson. Más allá de solucionar una paradoja lógico-matemática específica, esta teoría plantea la posibilidad de que la realidad en general esté estructurada en una jerarquía creciente de niveles de abstracción, la cual al ser transgredida genera todo tipo de confusiones y situaciones insostenibles. Bateson la aplicó primeramente al fenómeno del aprendizaje, planteando que existen distintos niveles de aprendizaje. Las personas no sólo aprenden conexiones, contenidos o tareas específicas, sino que también aprenden a aprender. En otras palabras, los contextos de aprendizaje indican a la persona el tipo de mundo en que se desenvuelve; el cual puede variar desde uno donde debe esperar pasivamente lo que su destino le ofrece (contextos pavlovianos) a uno donde debe buscar activamente su recompensa (contexto instrumental).

Otra importante deducción de la Teoría de los Tipos Lógicos al ser aplicada al aprendizaje se refiere a la necesidad de no confundir los niveles de aprendizaje en que se está reforzando un comportamiento. Así por ejemplo, si un niño es castigado por meter los dedos en el enchufe esto no significa que dicho niño vaya a dejar de explorar activamente su medio, puesto que la exploración constituye, por así decirlo, la clase de una serie innumerable de comportamientos específicos que son sus miembros. La exploración es una categoría de comportamiento de tipo lógico superior cuyo propósito es obtener información acerca de a qué objetos puede o no aproximarse. De esta forma, el golpe de corriente castiga la conducta de meter los dedos en el enchufe, pero en el nivel inmediatamente superior premia la tarea de obtener información, puesto que descubre que los enchufes son peligrosos. Como una jerarquía de niveles es teóricamente infinita es posible plantear categorías de aprendizaje del tipo comportamiento, contexto, contexto del contexto, etc.[20].

La Teoría de los Tipos Lógicos fue también utilizada por Bateson para distinguir y jerarquizar los niveles de abstracción de la comunicación. Como ya se planteara, todo intercambio comunicativo no sólo

---

[20] Bateson G., Las Categorias Lógicas del Aprendizaje y la Comunicación. En: G. Bateson (Comp.), *Pasos Hacia una Ecología de la Mente*, op. cit.

transmite información sino que simultáneamente y en un nivel inmediatamente superior comunica cómo debe ser entendida dicha información. En otras palabras, comunica acerca de la comunicación o metacomunica (meta: más allá). A estos dos aspectos de la comunicación los denomina nivel de reporte o contenido (ej., está lloviendo) y nivel de comando o relación (ej., debes entender esta afirmación como un gesto de amistad), respectivamente. Lo importante aquí es señalar que el nivel relacional es de un tipo lógico superior al de contenido, al cual incluye. El nivel relacional corresponde a la clase que indica cómo deben ser entendidos los contenidos de los mensajes, los cuáles constituyen sus miembros. El nivel metacomunicativo se transmite, generalmente, en forma analógica mediante los gestos, la cualidad de la voz, la actitud, etc. En un nivel lógico superior al metacomunicativo se halla el contexto en que este intercambio comunicativo tiene lugar. Decir "está lloviendo" y metacomunicar "debes entender esta afirmación como un gesto amistoso" resulta radicalmente diferente si se hace en una reunión de amigos o en una sesión de psicoterapia, por ejemplo. El contexto actúa entonces como la clase de las clases (nivel relacional) de los miembros (nivel de contenido)[17].

De acuerdo a la jerarquía de tipos lógicos es posible plantear niveles cada vez más abstractos de comunicación. Sin embargo, a niveles de abstracción muy altos la utilidad práctica de los conceptos es escasa. Lo importante es enfatizar que la transgresión de estos niveles provoca paradojas, ahora con efectos pragmáticos evidentes.

Los niveles lógicos de la comunicación cumplen una importante función en todas aquellas situaciones en que un mismo comportamiento adquiere significados radicalmente distintos según como sea calificado a nivel metacomunicativo. Este es el caso del juego, la amenaza, la metáfora, el histrionismo, la fantasía, el ritual, el engaño, los sacramentos, la psicoterapia, etc. Bateson observó, por ejemplo, que las secuencias interactivas del juego entre los monos eran similares a las secuencias del combate (ej., rasguños y mordiscos). Sin embargo, estas secuencias eran interpretadas por los monos como "no combate" o juego. Bateson dedujo entonces que debía haber una jerarquía de señales de diferente tipo lógico que indica a los monos cuándo un mordisco debe ser considerado como juego. En otras palabras, la metacomunicación implícita "esto es juego" significa que los mordiscos juguetones denotan mordiscos reales, pero no denotan el combate que estos últimos denotan.

Nuevamente el lenguaje nos hace emplear un mismo término "denotar" para dos niveles de abstracción diferentes. Los mordiscos juguetones son de un tipo lógico superior al de los mordiscos reales. Es muy probable que señales metacomunicativas del tipo intensidad indiquen al mono de qué tipo de mordisco se trata[21].

Sin embargo, como en toda instancia en que los fenómenos se estructuren en una jerarquía de niveles, nos hallamos ante una situación potencialmente peligrosa. En el ejemplo, nos referimos a que el mono podría confundir el tipo lógico del mensaje e interpretar el mordisco juguetón como un mordisco de combate y responder de acuerdo a esto. En el tipo de situaciones descritas (juego, fantasía, engaño, etc.) la acción A significa a veces exactamente lo contrario de lo que significaría la acción B a la que alude. En la amenaza, por ejemplo, el puño en alto que denota un posible puñetazo (el cual por su parte denota combate) es esgrimida como una forma de proponer "no peleemos". Si el mensaje que se quiere comunicar fuera "peleemos" bastaría con un puñetazo. No es difícil imaginar las innumerables ocasiones en que los tipos lógicos no han sido bien discriminados y la amenaza se ha transformado en una pelea innecesaria.

Otra importante aplicación de la Teoría de los Tipos Lógicos corresponde al análisis de la comunicación en esquizofrénicos. Según las observaciones realizadas por Bateson[22] el esquizofrénico presenta una particular dificultad para identificar e interpretar aquellas señales metacomunicativas que le permitirán comprender el tipo de mensajes que recibe. Si alguien le pregunta la hora, por ejemplo, no sabrá si interpretarlo como seducción, persecución, descalificación, etc. Las personas "sanas" generalmente se las arreglan para identificar las señales analógicas y de contexto para comprender el tipo de relación propuesta mediante la pregunta (amistosa, autoritaria, impersonal, etc.). Ante esta dificultad para discriminar tipos lógicos el esquizofrénico tenderá a responder en forma confusa contestando a veces literalmente a lo metafórico o metaforizando lo literal. Ante la pregunta de la hora podría, por ejemplo, responder "es la hora de la vida".

Basándose en estas observaciones acerca de la dificultad del esquizofrénico para discriminar tipos lógicos Bateson et al. [23] dedujeron que éste tendría que haberse visto sometido a un contexto comunicacional

---

[21] Bateson G., Una Teoría del juego y la fantasía. En: G. Bateson (Comp.), *Pasos Hacia una Ecología de la Mente*, op. cit.

[22] Bateson G. Epidemiologia de una Esquizofrenia. En: G. Bateson (Comp.), *Pasos Hacia una Ecología de la Mente*, op. cit.

[23] Bateson G., Jackson D. D., Haley J. y Weakland J., Hacia una Teoría de la Esquizofrenia. En: G. Bateson (Comp.), *Pasos Hacia una Ecología de la Mente*, op. cit.

paradójico insostenible donde la única salida posible fuera, a su vez, comunicarse incongruente y paradójicamente. Desarrollaron así la hipótesis del doble-vínculo donde la Teoría de los Tipos Lógicos cobra su máximo valor. En términos generales, esta hipótesis postula que si a una persona se le comunican dos mensajes de tipo lógico distinto que se aluden negándose mutuamente y, además, se agrega un tercer mensaje que prohíbe a la persona comentar o abandonar la situación, entonces esta persona se verá enfrentada a una situación imposible en la cual no puede responder a un nivel del mensaje sin violar el otro y, haga lo que haga, estará errada. Este sería el caso de alguien que verbalmente ordenara a otro "quiero que me desobedezcas" mientras que analógicamente comunica "obedece lo que te digo, no lo que te insinúo, y no me contradigas". La única respuesta posible a esto es una comunicación tan paradójica como la anterior. La exposición repetida a este tipo de experiencia en el marco de una relación vital (familia, por, ejemplo) llevará a la persona a percibir un mundo como estructurado paradójicamente y a comportarse de un modo incongruente, donde las características formales de dicho comportamiento semejan a las de la esquizofrenia.

En un plano más pragmático, la Teoría de los Tipos Lógicos ha sido invocada por Watzlawick et al.[14] como un modelo apropiado para explicar aquellas intervenciones terapéuticas que reestructuran el contexto de un problema. Los mensajes metacomunicativos definen marcos o premisas psicológicas dentro de las cuales deben ser entendidos los problemas de una persona. Reestructurar significa entonces, alterar dichas premisas de modo que el significado atribuido por una persona a ciertos hechos sea ubicado en un marco psicológico diferente que le permita funcionar mejor. En otras palabras y en término de tipos lógicos, al reestructurar se está verificando un cambio a nivel de la clase, lo cual obliga a reconsiderar el significado de los miembros. Un ejemplo podría ser el siguiente: en lugar de considerar el reposo en cama por enfermedad como una pérdida inútil de tiempo se lo puede reestructurar como una excelente oportunidad para retirarse a meditar en uno mismo.

La Teoría de los Tipos Lógicos no se ocupa de lo que sucede en el interior de una clase o, lo que es lo mismo, de sus miembros, sino que proporciona un modelo para la relación existente entre miembro y clase, y los cambios que se generan al pasar de un nivel lógico al otro inmediatamente superior. Al tipo de cambio que no altera los miembros de un sistema, sino que cambia el sistema mismo se lo denomina: cambio tipo 2. En el clásico ejemplo del sueño, podemos realizar muchos cambios dentro del sueño (ej. comer, detenernos, sentarnos, etc.), pero para salir de él debemos realizar un cambio de tipo lógico distinto que nos ponga fuera del sueño. El despertar no constituye parte del sueño, sino que es un cambio de tipo lógico, un cambio de segundo orden, o un cambio tipo 2.

El cambio de tipo 2 se encuentra a la base de la prescripción del síntoma, una de las intervenciones paradójicas empleadas por el Enfoque Interaccional en la solución de problemas. En términos generales, ésta consiste en alentar al paciente para que mantenga y exacerbe su síntoma, con lo cual se ve envuelto en una situación paradójica en que ya no puede argumentar que carece de control sobre el síntoma. En este sentido, no se intenta cambiar la situación con contraargumentos, sino que se trabaja con las premisas del problema, reencuadrándolas en un marco más apropiado.

# Teoría de Grupos

La Teoría de Grupos es postulada por Watzlawick et al.[14] como un posible ejemplo mediante analogía de aquel tipo de situaciones problema en las cuáles mientras más cambios se intentan más igual permanece la situación.

La Teoría de Grupos es desarrollada en el campo de las matemáticas por Evarist Galois en el siglo XIX. Aunque los postulados iniciales concernientes a las relaciones entre los miembros y la totalidad son relativamente sencillos, sus implicaciones han trascendido a la lógica; la física y otras ramas del saber.

De acuerdo a Watzlawick et al.[14] los postulados de la Teoría de Grupos proporcionan, en el ámbito de las relaciones interpersonales, una base válida para explicar la particular interdependencia observada entre la persistencia y el cambio de los problemas.

En matemáticas, un grupo es un conjunto de elementos, con una ley de composición que satisface ciertas condiciones. De esta manera, un conjunto G de elementos (números, conceptos, eventos, etc.) es entonces considerado un grupo sólo si su ley de composición satisface las siguientes condiciones o propiedades[24]:

---

[24] Simonetti F., Paradoja, Tipos Lógicos y Cambio: El Aporte del Enfoque Interaccional a la Solución de Problemas. *Revista Chilena de Psicología*, Vol. 4 N° 1, 1981.

1. *Invarianza:* la propiedad de invarianza se refiere a que cualquier combinación de dos o más elementos entre sí, da como resultado otro miembro del grupo. Esta propiedad permite una infinitud de combinaciones, ordenaciones y cambios al interior del grupo sin que la estructura misma de éste se vea alterada. Por ejemplo, si tenemos el conjunto de los números naturales y la suma como ley de composición, la invarianza se refiere a que cualesquiera sean los números combinados entre sí el resultado también será otro número natural: 3 + 2 = 5.

2. *Combinación:* esta propiedad se refiere a que los miembros de un grupo pueden ser combinados en distinto orden y, sin embargo, el resultado de la combinación sigue siendo el mismo. Es decir, el orden de los elementos no altera el producto. Siguiendo con el ejemplo anterior, y de acuerdo a esta propiedad, cualquiera sea el orden en que se sumen los números se obtendrá el mismo resultado: 2 + 3 + 4 = 4 + 2 + 3.

3. *Identidad:* se refiere a que todo grupo tiene un miembro de identidad tal que al combinarlo con cualquier otro miembro del grupo se mantiene la identidad de este último miembro. Así por ejemplo, en la operación de suma en el conjunto de los números naturales, el miembro de identidad es el 0, puesto que 2 + 0 = 2. En el caso de la ley de composición de la multiplicación, el miembro de identidad es 1, ya que 2 x 1 = 2. Lo esencial de esta propiedad es que ha sido considerada como un caso especial de invarianza, esto es, que un miembro puede actuar sin provocar cambio alguno.

4. *Inverso:* esta propiedad se refiere a que cada miembro del grupo tiene su opuesto, de tal modo que al combinar cualquier miembro del grupo con su opuesto se obtiene como resultado el miembro de identidad. De esta manera, cuando la ley de composición es la suma y los elementos son los números, el miembro inverso de un número es su negativo: 2 + (-2) = 0. Para la ley de multiplicación tenemos que 3 x 1 / 3 = 1.

A partir de las propiedades enunciadas se desprende una serie de problemas e implicaciones teóricas. Sin embargo, para nuestros intereses, el postulado principal de la Teoría de Grupos es aquel que se refiere a que se pueden verificar una serie de cambios al interior del grupo sin que se altere o cambie la naturaleza paramétrica de éste. En otras palabras, existen numerosos cambios posibles al interior del grupo, pero resulta imposible que cualquier combinación de dos o más miembros se sitúe fuera del grupo y altere su estructura.

En un intento de clarificar y comprender cómo las personas y sus familias se enredan y sufren al mantener relaciones tortuosas que perduran a pesar de los esfuerzos por cambiarlas, Watzlawick y colaboradores[14] han extrapolado los principales postulados de la Teoría de Grupos al área de la comunicación y las relaciones interpersonales. En términos generales, los autores plantean que la Teoría de Grupos proporciona una base adecuada para comprender aquel tipo de cambio que con frecuencia ocurre dentro de sistemas interaccionales, tales como parejas, familias, etc., que en sí permanecen invariables.

Un clásico ejemplo de este tipo de cambio que no modifica la estructura interna del grupo, y que ha sido llamado cambio de primer orden o cambio tipo 1, es lo que comúnmente ocurre con las pesadillas. La persona puede hacer muchas cosas dentro del sueño: correr, esconderse, gritar, subir un cerro, etc. Sin embargo, ninguno de los cambios representados por uno u otro de estos comportamientos podrá finalizar con la pesadilla. La persona se encuentra atrapada en un círculo vicioso que no puede generar por sí mismo la solución esperada (el despertar), puesto que cualquier combinación dentro del sueño sigue siendo parte de la pesadilla. La única manera de salirse del sueño supone un cambio del soñar al despertar. El despertar, que no constituye ya parte del sueño (o sistema) implica el cambio hacia un estado completamente distinto que es el resultado de una alteración en las reglas o parámetros del sistema. A este tipo de cambio, que supone un cambio de tipo lógico, se le denomina cambio de segundo orden o cambio tipo 2[14]. Una de las consecuencias pragmáticas más importantes que se desprende de la primera propiedad observada en los grupos, el factor de la invarianza, es que existen determinadas situaciones interaccionales en que cualquier intento por lograr un cambio desde dentro del grupo sólo contribuye a perpetuar y complicar el problema. En otras palabras, un grupo, sea éste una pareja, una relación entre amigos o una familia completa, puede experimentar múltiples fenómenos de cambio un interior de sí mismo sin que varíe su estructura interna, ya que no posee los recursos necesarios para generar por sí mismo las condiciones adecuadas para cambiar sus propias reglas. Es decir, un grupo no puede generar desde su interior las condiciones necesarias para un cambio de segundo orden o cambio tipo 2.

Un típico ejemplo del factor de invarianza es el que se observa en el insomnio. Generalmente, cuando una persona no se ha quedado dormida, a medida que van pasando las horas comienza a tratar de hacerlo. De esta forma, se exige desarrollar voluntariamente un comportamiento que por definición sólo puede ocurrir espontáneamente. Tenemos así los ingredientes necesarios para generar una situación en la cual mientras más cambios se intentan "más igual" permanece ésta. Esto es, la persona comienza a intentar una serie de cambios para quedarse dormida. Por ejemplo, cierra los ojos volunta-riamente, bebe leche caliente, lee un rato, cambia de posición en la cama, sale a tomar un poco de aire, etc. Es evidente que estos cambios empeoran la situación. El cambio que se requeriría para cambiar esta situación no se encuentra al interior de este grupo de acciones empren-didas, sino que en la premisa que la sustenta: "Si trato, voy a quedarme dormido". Mientras no se cambie esta premisa cualquier tipo de cambio que se intente no hará variar la situación.

Con respecto a la propiedad de combinación, es frecuente observar en algunas situaciones que los diferentes comportamientos posibles son combinados en las más diferentes secuencias, obteniéndose, sin embargo, siempre el mismo resultado. En el caso del insomnio, por ejemplo, da exactamente lo mismo leer el diario primero, tomarse la leche después y luego salir a caminar, que primeramente tomarse la leche, luego leer el diario y, finalmente, salir a caminar. Lamentablemente el resultado es el mismo: la persona permanece insomne.

La propiedad de combinación ha sido también empleada por Watzlawick et al.[14], para referirse al fenómeno de la puntuación de la secuencia de hechos. En términos generales, este fenómeno se refiere a aquellas interacciones circulares entre dos personas que son puntuadas por cada uno de ellos como comenzando en el otro. Así, por ejemplo, no importa cómo se puntúe un problema de drogadicción ("Empecé a fumar marihuana porque mis padres no me comprenden", dice el hijo; mientras los padres afirman, "no lo comprendemos desde que se hizo drogadicto") ya que las diferentes puntuaciones no alteran la situación de desconfianza y reproches mutuos.

En un contexto interaccional, las propiedades de miembro inverso y miembro de identidad pueden ser ejemplificadas mediante esas situaciones en las cuáles se intenta un cambio realizando aquello que parece ser lo opuesto a lo que se venía intentando, y, sin embargo, la situación global en nada cambia. En el ejemplo del insomnio, la persona luego de haberse paseado, leído, tomado leche, etc., podría pensar lo siguiente: "Para quedarme dormido voy a tratar de hacer exactamente lo contrario de lo que estaba haciendo, o sea, voy a tratar de quedarme lo más inactivo y tran-quilo posible". Sin embargo, el resultado es el mismo: la persona perma-nece insomne. Nuevamente el cambio ha sido intentado a nivel de los miembros del grupo y no de la premisa que lo sustenta.

Al igual que en el ejemplo anterior, Watzlawick et al.[14] han hecho uso de estas dos últimas propiedades descritas para ejemplificar todas aquellas situaciones en que comportamientos aparentemente opuestos resultan tener un efecto similar, puesto que en el contexto mayor del que forman parte son lo mismo. Día y noche, grande y pequeño, pasado y futuro son sólo elementos complementarios de una misma realidad. Así, por ejemplo, la indisciplina de un adolescente no necesariamente encontrará remedio cuando los padres, considerando que son muy permisivos, decidan internarlo en la escuela militar.

Hasta aquí hemos visto cómo ninguna de las propiedades que define la Teoría de Grupos, así como ninguna combinación de ellas, puede producir un cambio en la estructura misma de un grupo. En otras palabras, hemos visto que un grupo no puede generar a partir de sus propias leyes las condiciones necesarias para cambiar sus reglas. Sin negar la valiosa participación de los cambios de primer orden en una serie de fenómenos de la vida cotidiana (por ejemplo, ante el hambre, comer; frente al frío, abrigarse, etc.), existen numerosas situaciones en que al intentar este tipo de cambio los miembros de un grupo se ven atrapados en un "juego sin fin". Mientras más cambios intentan menos se altera la situación global.

A la raíz de los conflictos humanos es posible observar que las personas que se enredan en problemas, generalmente, son protagonistas de interminables juegos que no contienen en sí mismos la estructura necesaria para su propia finalización. El cambio de las reglas del juego no es parte del juego, sino que es de un tipo lógico superior al de cualquier movimiento intentado dentro del juego. En otras palabras, el término del juego no se logra mediante un cambio de primer orden. Esto sólo se puede alcanzar a través de la reestructuración de la situación, es decir, de un cambio de segundo orden.


LECTURA SUGERIDA
JAY HALEY, Toward a Theory of Pathological Systems.
En: P. Watzlawick y J. H. Weakland (Ed.). *The Interactional View*, op. cit.
DON D. JACKSON, Family Rules: Marital Quid Pro Quo. En:
P. Watzlawick y J. H. Weakland (Ed.). *The Interactional View*, op. cit.
GREGORY BATESON, Una Teoría del Juego y la Fantasía. En:
G. Bateson (Comp.), *Pasos Hacia una Ecología de la Mente*, op. cit.
WATZLAWICK P., WEAKLAND J. H., FISCH P., *Cambio*. Herder, Barcelona, 1976.

# *Los Axiomas de la Comunicación*

El Enfoque Interaccional definió tentativamente cinco axiomas fundamentales de la comunicación en virtud de sus importantes consecuencias pragmáticas en cualquier situación interpersonal. El concepto de comunicación adquiere así un sentido especial que Birdwhistell describe muy bien al sugerir que "un individuo no comunica: participa en una comunicación o se convierte en parte de ella. Puede moverse o hacer ruidos .... pero no comunica. De manera similar, puede ver, oír, oler gustar o sentir, pero no comunica. En otras palabras, no origina comunicación, sino que participa en ella. Así, la comunicación como sistema no debe entenderse sobre las bases de un simple modelo de acción y reacción, por compleja que sea su formulación. Como sistema, debe entenderse a nivel transaccional" [1].

Dado el énfasis en el aspecto interaccional de la comunicación humana, la descripción y análisis de estos axiomas se centra en la comunicación diádica entre personas, en la cual las claves intercambiadas emanan directamente del cuerpo (movimientos, gestos, posturas), el habla (verbalizaciones), la voz (tono, volumen, tempo, etc.) y el contexto inmediato (situación física, social, cultural, etc.). Sin embargo, queda abierta la posibilidad de una traspolación cuidadosa de estos axiomas a los fenómenos de la comunicación intrapersonal (diálogos internos), la comunicación animal o la comunicación social (medios de comunicación de masas, relaciones internacionales, etc.). Desarrollaremos a continuación cada uno de estos axiomas.

---

[1] Watzlawick P., Beavin J., Jackson D. D., *Teoría de la Comunicación Humana.* Tiempo Contemporáneo, Buenos Aires, 1971.

# La imposibilidad de no comunicar

Este axioma se deriva necesariamente de una propiedad básica del comportamiento; esto es, no hay algo que sea lo contrario de comportamiento, no existe el no comportamiento y, por lo tanto, es imposible no comportarse. Moverse o quedarse quieto, hablar o permanecer callado, sonreír o mostrarse inmutable, presentarse o no a una cita, retirarse de una situación, etc., todos constituyen comportamientos. Es necesario insistir en que el comportamiento no se limita a lo que se hace, sino que incluye las verbalizaciones, posturas, gestos, etc. Además, el no hacer, no decir, no gesticular, también constituyen formas de comportamiento. Si se acepta que todo comportamiento en una situación de interacción tiene un valor comunicativo, entonces no se puede dejar de comunicar, aun cuando se intente. En una situación interpersonal todo comportamiento influye sobre los demás, les comunica algún mensaje y éstos no pueden dejar de responder a tales mensajes comportándose y comunicando a su vez [2].

Tomemos el caso de un viaje en Metro. La generalidad de las personas muestran una mirada perdida o una mirada fija en algún punto (generalmente, el piso) o una mirada inquieta que va fijándose brevemente en un sinnúmero de puntos sin detenerse en ninguno. Además no hablan, se muestran inmutables y permanecen en una postura rígida hasta que deben bajarse. Aparentemente estas personas no se están comportando o comunicando algo; sin embargo, su comportamiento (serios, mudos, rígidos y mirada perdida) tiene un extraordinario valor comunicativo que podría ser parafraseado como "no deseo hablar con nadie" o "no quiero que me hablen". El efecto pragmático de esta comunicación es también extraordinario, puesto que generalmente los demás responden dejando tranquilo a su vecino.

Supongamos que estas mismas personas se encuentran en una fiesta. No es difícil imaginar que su comportamiento será totalmente distinto y conllevará un mensaje tipo "deseo hablar con alguien" o "quiero que me hablen". Esto nos indica que en cualquier situación no sólo el comportamiento de los demás es comunicativo, sino que existen también índices comunicativos inherentes al contexto físico y social. Estos índices también comunican y provocan efectos prag-

---

[2] Watzlawick P. y Beavin J., Some Formal Aspects of Communication. En: P. Watzlawick y J. H. Weakland (Ed.). *The Interactional View*. Norton, U.S.A., 1977.

máticos importantes en las personas. El comportamiento de éstas varía según se hallen en el Metro, en una fiesta, una conferencia o un dormitorio, aun cuando se encuentren con la misma persona.

Las situaciones anteriormente descritas nos estarían indicando que el comportamiento como comunicación no es un fenómeno aleatorio, sino que está guiado por reglas, así como el lenguaje lo está por su gramática. Existiría un código abstracto de reglas de la comunicación nunca formalizado ni plenamente consciente que se iría adquiriendo a lo largo de la vida. Estas reglas nos indicarían qué y cómo es posible comunicar qué cosas y en qué situación. Se nos plantea así el problema de si la comunicación es o debería ser intencional, consciente y eficaz.

Cuando se está interesado en el intercambio de información en un nivel consciente, voluntario y deliberado, entonces la intencionalidad es un ingrediente esencial de la comunicación. Esto sucedería en el caso de programar una computadora, por ejemplo, donde es importante un intercambio estricto de información. Sin embargo, es necesario insistir en el hecho de que la comunicación tiene lugar, sea o no intencional. La intencionalidad no es un pre-requisito de la comunicación. Hay situaciones donde existe una falta absoluta de intencionalidad en la comunicación, pero desde la perspectiva del "receptor" éste es afectado pragmáticamente. Tomemos el caso de alguien que, entra a una pieza y se pone a llorar sin saber que alguien está en la pieza contigua. Evidentemente, la primera persona no tiene intención alguna de comunicarle algo a alguien; sin embargo, la segunda persona se verá afectada por el comportamiento de la primera, pudiendo permanecer callada para no molestar, abandonar la pieza, ir a consolarla, etc.... Es decir, hubo comunicación y sus consiguientes efectos pragmáticos, aun cuando no existía la intención de comunicar[3].

Lo mismo sucede con el problema de la conciencia y eficacia de la comunicación. En otras palabras, ¿lo que él entendió es lo mismo que yo quise comunicarle? En última instancia, éste constituye un problema irresoluble, puesto que se basa en las interpretaciones subjetivas que los participantes de una interacción hacen de su comportamiento. Se plantean problemas como los siguientes: ¿lo que quise comunicar es lo que realmente quise comunicarle?, ¿debo creer en lo que él me comunicó o en lo que él dice que me comunicó? Estos problemas surgen cuando se olvida que el comportamiento no se limita a lo verbal, sino que incluye aspectos de los cuales no nos damos

---

[3] Wilder C., From the Interactional View: A Conversation with Paul Watzlawick. *Journal of Communication.* Vol. 28 N° 4, 1978.

cuenta y que son imposible de controlar. Por ejemplo, dilatación de la pupila, color de nuestra piel, postura, timbre de voz, gestos, etc. Todos estos comportamientos comunican. Además, lo que comuniquemos dependerá de la interpretación (consciente o no) que el otro haga de nuestra comunicación. De esta forma, el problema de la eficacia se plantea cuando se ignora el carácter sistémico de la comunicación en la cual las personas participan. En su lugar se plantea un modelo lineal en el cual un emisor podría manipular todas las variables necesarias para que el mensaje recibido sea exactamente igual al emitido.

Lo que sí es efectivo es que en presencia de otros todo comportamiento es comunicativo y ejerce efectos pragmáticos en aquél. No es posible no comunicarse y, por lo tanto, no es posible no influirse. En el sentido interaccional en que lo estamos tomando, la comunicación tiene lugar en presencia de otro. La comunicación intrapersonal no será abordada aquí, aun cuando probablemente siga las mismas reglas esbozadas para la comunicación interpersonal.

La imposibilidad de no comunicarse plantea una serie de fenómenos interesantes de considerar. Por ejemplo, ¿qué situación se produce cuando alguien quiere comunicarle al otro que no quiere comunicarse con él?, ¿cuándo alguien niega que se está comunicando?, ¿o cuándo niega que niega que se está comunicando? Una de estas situaciones está representada por el comportamiento aparentemente sin sentido de los esquizofrénicos (ensalada de palabras, catatonia, agitación, etc.). En general, se considera este comportamiento como carente de valor comunicativo. Sin embargo, desde una perspectiva interaccional es posible considerar al esquizofrénico como una persona que niega que está comunicando e influyendo en una relación. De esta forma, el sin sentido aparente adquiere un enorme sentido. Si yo me quedo callado comunico que no quiero comunicarme. Ahora, para negar que no quiero comunicarme sólo me resta hablar disgregadamente y ser considerado loco ("quiero, pero no puedo comunicarme"). Este constituye un ejemplo de las perturbaciones que se generan al violar algunos de los axiomas de la comunicación. Como siempre estas perturbaciones tienen un carácter interaccional y pragmático ineludible[1].

# Los niveles de contenido y relación de la comunicación

La comunicación opera siempre a diferentes niveles de abstracción. En el caso de la comunicación verbal, por ejemplo, es posible describir un nivel denotativo simple que es sinónimo del contenido explícito del mensaje. En el siguiente mensaje —"las llaves están sobre la mesa"— el nivel denotativo alude a la ubicación de dichas llaves dentro de todas sus ubicaciones posibles. A este aspecto de la comunicación que transmite información mediante la codificación de los fenómenos se le ha denominado el aspecto referencial o de contenido de la comunicación[4].

En otro nivel de abstracción se incluyen todos aquellos mensajes implícitos o explícitos acerca de la codificación lingüística realizada al enviar el mensaje. A éste se le denomina el nivel metalingüístico (meta: más allá) y corresponde a la semántica y sintaxis del lenguaje. Por ejemplo, "el sonido verbal llave representa un miembro de una clase tal de objetos" o "la palabra llave no puede abrir cerraduras".

Asimismo, es posible describir otro nivel de abstracción en el que se incluye todo mensaje implícito o explícito acerca de la relación que se establece entre los hablantes al intercambiar el mensaje descrito. A este nivel se le denomina metacomunicación o comunicación acerca de la comunicación. Por ejemplo, "el hecho de decirle dónde estaban las llaves fue amistoso". La metacomunicación se refiere, entonces, a cómo debe ser entendido el mensaje en términos de la relación que impone entre los comunicantes. De aquí que también sea denominado el aspecto conativo o relacional de la comunicación, puesto que define la relación entre los participantes.

Existe, además, otro nivel de abstracción representado por el contexto en el cual se intercambian los mensajes metacomunicativos. Este contexto indica cómo deben ser interpretados dichos mensajes y corresponde, por lo tanto, a un nivel meta-metacomunicativo. En un contexto clásico de terapia este nivel podría ser parafraseado como "el hecho de que el haberme dicho dónde estaban las llaves fuera amistoso, representa un intento de seducción".

Resulta evidente que es posible ascender infinitamente en la jerarquía de niveles de abstracción de la comunicación estableciendo niveles

---

[4] Bateson G., Una Teoría del juego y la fantasía, En: G. Bateson (Comp.). *Pasos Hacia una Ecología de la Mente.* Carlos Lohlé, Buenos Aires, 1976.

cada vez más implícitos que enmarcan y califican a los anteriores. Por ejemplo, niveles metametametacomunicativos (contexto del contexto) o metametametacomunicativos y así sucesivamente. Sin embargo, una descripción así pierde su sentido en términos prácticos, con la condicionante de que el ser humano se desenvuelve con facilidad sólo en función de un número limitado de niveles de abstracción, más allá de los cuales se confunde o ilumina. Consideraremos aquí básicamente los niveles de contenido y relación de la comunicación y, en ocasiones, el contexto.

Los aspectos referenciales y conativos de la comunicación indican que ésta no sólo transmite información objetiva, sino que a la vez impone comportamientos en los comunicantes definiendo así su relación. Bateson ejemplifica esto mediante una analogía con la transmisión de impulsos neuronales. Si A, B y C constituyen una cadena lineal de neuronas, entonces la excitación de la neurona B es, a la vez, un informe o reporte de la excitación de A (aspecto referencial) y un mandato o instrucción para la excitación de C (aspecto conativo)[5].

Retomemos el caso de una persona A que le dice a una persona B, "las llaves están sobre la mesa". El contenido de esta afirmación corresponde a un reporte de información objetiva, esto es: las llaves "realmente" están sobre la mesa. Sin embargo, supongamos que la persona A se encuentra parada, indicando la mesa, con el cuerpo tenso, el ceño fruncido, una expresión de enojo y gritando "las llaves están sobre la mesa". La forma en que A hace esta afirmación proporciona una definición de la relación muy obvia para B que puede ser parafraseada como "la nuestra es una relación hostil". Por supuesto, es necesario considerar la variable tiempo que actúa como el contexto en que se da dicha definición. Puede que sólo en ese momento particular A defina su relación como hostil con B o puede que la defina siempre así, en todas sus afirmaciones. Supongamos ahora que A se encuentra tendido relajadamente con una expresión de calma y con una sonrisa en los labios dice suavemente "las llaves están sobre la mesa...". Evidentemente, aun cuando el contenido del mensaje es el mismo en ambos casos, las definiciones de la relación son muy distintas. En el último caso, A define su relación con B como amistosa.

Queda aún considerar las posibles reacciones de B al mensaje y definición de la relación por parte de A. B puede aceptar, rechazar o redefinir la relación ofrecida por A. Por ejemplo, en el primer caso podría

---

[5] Bateson G., Información y Codificación: Un Enfoque Filosófico. En: Ruesch y G. Bateson. *Comunicación: la Matriz Social de la Psiquiatría*. Paidós, Buenos Aires, 1965.

gritarle indignada de vuelta, confirmando la definición de la relación dada por A ("sí, la nuestra es una relación hostil"); o podría golpearle condescendientemente el hombro redefiniendo la relación como una en que B acepta amistosamente y hasta paternalmente estas "rabietas" de A. Lo importante aquí es el hecho de que tanto A como B no pueden dejar de comunicarse y definir mutuamente su relación. Incluso en caso de que uno de ellos abandone la situación, está definiendo la relación. Así como es imposible no comunicar, tampoco es posible no metacomunicar, puesto que la metacomunicación constituye en sí una comunicación.

La metacomunicación se expresa generalmente mediante los gestos, la voz, las posturas, los movimientos y el contexto. Estos aspectos califican el mensaje enviado y ofrecen una definición de la relación. Sin embargo, esta definición de la relación casi nunca es deliberada o plenamente consciente. Mientras más espontánea es una relación, el aspecto conativo es más implícito. Una relación perturbada se caracteriza por una constante lucha acerca de la relación y el aspecto de contenido pasa a segundo plano ("no importa de qué estemos hablando, siempre estamos peleando")[6].

El aspecto relacional o metacomunicativo de la comunicación enfatiza la importancia del primer axioma, esto es, no se puede no comunicar. Cuando A se comunica con B, el mero acto de comunicarse contiene el enunciado implícito "nos estamos comunicando". Puede que este enunciado metacomunicativo sea el mensaje más importante intercambiando sin considerar el contenido de la comunicación. La conversación social, por ejemplo, puede describirse como un intento de estar en contacto con otra persona, de comunicarse y no de intercambiar información objetiva ("qué lindo está el día ... hace tiempo que no llueve"). Incluso este tipo de conversación generalmente es preferible al silencio, puesto que éste conlleva la metacomunicación implícita "no nos estamos comunicando". Ésta constituye una definición de la relación rechazada, sobre todo cuando el contexto indica que uno "debiera" comunicarse; por ejemplo, en una fiesta. Lo paradójico radica en que el silencio constituye también una comunicación con lo cual se produce una situación aproximadamente así: "nos estamos comunicando, que no nos estamos comunicando .... ¿nos estamos comunicando entonces?".

---

[6] Haley J., *Estrategias en Psicoterapia.* Toray, Barcelona, 1966.

La metacomunicación permanece generalmente implícita. Sin embargo, se puede verbalizar haciéndola explícita. Por ejemplo, cuando la madre le dice al niño "lo que te dije era una orden" o cuando un amigo le dice a otro "no te enojes, era sólo una broma". Es decir, la metacomunicación indica cómo debe entenderse el contenido de la información. El contexto es primordial en la forma en que debe entenderse una comunicación. No es lo mismo desnudarse en el dormitorio que hacerlo en la calle. El mismo comportamiento metacomunicará aspectos esencialmente distintos.

La capacidad de metacomunicarse adecuadamente, ya sea en forma implícita o explícita, constituye una condición inherente a la comunicación eficaz. La ambigüedad entre lo que se comunica y lo que se metacomunica genera toda clase de problemas. El típico ejemplo de "¿crees que bastará con uno?", encierra una variedad de significados dependiendo de cual palabra se acentúe, lo cual es imposible indicarlo en forma escrita. Existe una clase particular de confusión entre el nivel comunicativo y metacomunicativo que corresponde a la paradoja. En una paradoja, el mensaje y el metamensaje se aluden y califican mutuamente generando una situación imposible. Por ejemplo, "no lea esta frase", "te ordeno que me desobedezcas", etc.

De esta forma, toda comunicación posee un nivel de contenido y un nivel relacional, tales que el segundo clasifica al primero y es, por lo tanto, una metacomunicación. Desde una perspectiva interaccional y pragmática se ha considerado que el aspecto relacional incluye al de contenido, puesto que este enfoque no enfatiza el intercambio de información objetiva en sí, sino sus efectos pragmáticos en la relación.

## Comunicación digital y analógica

Existen dos modos básicos de comunicación humana que es necesario distinguir, éstos son, la comunicación analógica y la comunicación digital. La comunicación analógica es aquel tipo de comunicación en la cual los objetos y eventos del mundo son expresados mediante un símil, una semejanza o analogía que, contiene una estructura similar al objeto representado. Es decir, en la comunicación analógica se conservan y repiten de alguna manera las relaciones formales del fenómeno representado; siempre existe algo particularmente similar entre el referente y la expresión que se emplea para comunicarlo. Este es el caso de una mesa, por ejemplo, y el dibujo de una mesa. Este dibujo constituye una expresión analógica de una mesa que nos permitirá reconocerla como tal, aun cuando no haya ninguna mesa presente. Lo mismo vale para una fotografía o una representación mímica de una mesa. Las analogías son en cierta forma autoexplicativas[7].

En la comunicación digital, en cambio, el objeto o evento es expresado mediante un conjunto de signos arbitrarios que no guardan ninguna semejanza estructural con dicho objeto o evento. El caso típico de la comunicación digital lo constituye el lenguaje en el cual las palabras poseen una relación arbitraria con el objeto que refieren. Por ejemplo, no existe nada particularmente similar a una mesa en la palabra mesa. El lenguaje constituye una convención social que varía de cultura en cultura. De este modo resulta igualmente válido referirse a una mesa como mesa (español), table (inglés) o Tisch (alemán), con la única condición de que las personas que se comunican compartan el mismo código (en este caso, idioma) para poder entenderse[7].

Como ya planteamos, la comunicación analógica es toda aquella que guarde una semejanza estructural no arbitraria con aquello que refiere. De este modo, las expresiones analógicas incluyen la mayoría de las expresiones fuera de la comunicación verbal, es decir, la postura, los gestos, los movimientos, la expresión facial, la cualidad de la voz (tono, timbre, volumen, ritmo, articulación, etc.), las expresiones corporales (ritmo respiratorio, coloración de la piel, temperatura del cuerpo, etc.), los indicadores comunicacionales del contexto, etc. Para ejemplificarlo de alguna manera, la expresión analógica del miedo incluye generalmente y en forma no arbitraria, movimientos de huida, temblor corporal, palidez, etc. Pero no sólo se incluyen aquellas expresiones analógicas naturales en la comunicación analógica, sino aquellas creadas por el hombre como la pintura, la escultura, la fotografía, el diseño, la música, el ballet, etc. Respecto a los índices comunicacionales del contexto, éstos también actúan como comunicación no verbal que afecta al comportamiento. La reacción de un observador ante un asalto, por ejemplo, será diferente si lo presencia en la calle o en una película.

Comparativamente, la comunicación analógica constituye una expresión más evidente y universal de su referente. Tomemos el caso de una persona que le quiere indicar a otra de diferente cultura e idioma que "las llaves están sobre la mesa". Si esta última persona atiende exclusivamente a la comunicación verbal, seguramente le será imposible entender qué le quieren transmitir. En cambio, si atiende a los

---

7 Bateson G., Problemas de la Comunicación en Cetáceos y otros Mamíferos. En: G. Bateson (Comp.), *Pasos Hacia una Ecología de la Mente*, op. cit.

gestos que la primera persona realiza, a la posible mímica o incluso gesto que le indica hacia donde mirar, seguramente podrá comprender el mensaje. La posibilidad de que dos personas que no comparten un mismo idioma puedan comunicarse radica en el carácter universal de la comunicación analógica.

Evidentemente, la comunicación analógica es evolutivamente más temprana y, generalmente, se acepta que es más válida, en los diferentes contextos (por ejemplo, cultura). La comunicación digital es más reciente y su carácter arbitrario la hace más compleja y abstracta, requiriendo compartir el código en que se basa. Probablemente los primeros fonemas guardaban una relación analógica con su referente. Por ejemplo, representaban el ruido de un trueno, el canto de un pájaro, el gemido de dolor, etc. Lo mismo vale para los primeros morfemas. La escritura ideográfica constituye un conjunto de dibujos estilizados que preservan la similitud física con el objeto que representa. Paulatinamente estas expresiones analógicas deben haber ido independizándose de su referente hasta constituirse en un conjunto arbitrario de signos que pueden combinarse para referirse a diferentes objetos.

Como lo establece el axioma anterior, la comunicación posee un nivel relacional y uno de contenido que son interdependientes y complementarios. El aspecto relativo al contenido se trasmite en forma predominantemente digital, mientras que el aspecto relacional es de naturaleza predominantemente analógica. Basándose en los trabajos de los etólogos Lorenz y Tinbergen, Bateson demostró que las vocalizaciones, los movimientos y los signos de estado de ánimo de los animales son comunicaciones analógicas para definir la naturaleza de sus relaciones y no para hacer afirmaciones denotativas acerca de los objetos. En este sentido, el gato no dice "leche" al maullar y frotarse contra las piernas de una persona frente a un refrigerador, sino que invoca una relación de dependencia específica que parafraseada diría algo así como "sé mi madre". La comunicación analógica de los animales se centra en el área de la relación. El significado de las palabras de una persona hablándole a un animal son ininteligibles para éste, pero si comprende la relación que esta persona pretende establecer con él a partir de la comunicación analógica que acompaña a dichas palabras. El significado de la comunicación entre animales así como entre el hombre y el animal es relacional y no denotativa[1].

El carácter relacional de la comunicación analógica se hace evidente también en una serie de situaciones típicas entre los seres humanos como, por ejemplo, en el galanteo, las peleas, el amor, el pedido de ayuda, la enfermedad, etc. Todas estas situaciones tienen en común que a nivel metacomunicativo se intercambian mensajes analógicos que indican "sé mi madre", "sé mi adversario", "sé mi pareja", etc. Las expresiones analógicas empleadas incluyen aproximarse o apartarse físicamente, mirar fijamente a los ojos, sobre la cabeza o a los pies del otro, dar la espalda, inclinarse, alzar el puño, etc. Todas estas expresiones proponen analógicamente un tipo particular de relación que el otro puede aceptar, rechazar o redefinir.

El contenido de la comunicación se transmite en forma verbal, es decir, digitalmente. A este nivel se intercambia información acerca de los objetos y eventos que puede corresponder o no a lo que analógicamente se comunica acerca de la relación. A diferencia de la comunicación analógica, la comunicación digital es lógica y, en este sentido, está sujeta a los principios lógicos básicos de no contradicción. Lo digital es de un nivel de abstracción mayor que lo analógico, ligado aún a lo concreto y presente. El mensaje digital es entonces más versátil y más complejo. Lo digital permite representar conceptos básicos de la lógica como "y", "o", "si"... "entonces", "todo", etc. La lógica misma es producto de la comunicación digital. El lenguaje verbal permite representar conceptos que no tienen su referente concreto como "verdad", "moral", "infinito", "negativo", "nada", etc. La civilización y la cultura son un producto de la comunicación digital. El lenguaje permite representar el pasado y el futuro así como construir nuevas realidades mediante el pensamiento. Como dijera Wittgenstein, "los límites de mi lenguaje significan los límites de mi mundo"[8].

Un ejemplo fundamental de lo anterior lo constituye el hecho de que la comunicación analógica carece de una expresión para el no, o la negación. En lo analógico todo se define positivamente, mediante comportamientos. Como ya dijéramos, no existe el no comportamiento. La negación sólo es posible en el lenguaje digital. Para expresar analógicamente la siguiente negación "no me castigues", el animal ofrece al otro su parte más vulnerable (el cuello, por ejemplo); se comporta poniéndose en una posición indefensa en la cual puede ser fácilmente castigado, con lo que se somete al otro ofreciéndole una relación de sumisión. Este último generalmente acepta la definición y no lo castiga. El peligro real de este tipo de comunicación analógica radica en que el segundo animal puede ignorar o confundir estas señales y castigar al animal que se ha situado en posición indefensa. Este problema de la comunicación analógica se da siempre que alguien debe negar algo realizando justamente aquello que quiere negar (juego,

---

[8] Wittgenstein L., *Tractatus Lógico-Philosophicus*, Alianza, Madrid, 1973.

amenaza, actuación, ritual, etc.). El otro siempre puede confundir la simulación (puño en alto en la amenaza) con el comportamiento que simula (golpe); y responder a este último. De aquí la importancia de poder negar digitalmente o verbalmente. Es importante agregar aquí que el movimiento pendular de la cabeza o el dedo índice expresando una negativa constituye una traducción posterior del "no" digital a lo analógico y no lo contrario.

Los mensajes analógicos son muchas veces ambiguos. Por ejemplo, se puede llorar de pena o de alegría, y lo mismo vale para la risa. El lenguaje analógico carece de los calificadores explícitos del lenguaje digital para indicar cuál significado está implícito (ej., "es sólo una broma"). Sin embargo, el lenguaje digital carece de un vocabulario adecuado para definir las relaciones (ej., las expresiones analógicas que configuran un galanteo). El hombre como único animal comprobado que maneje estos dos lenguajes debe traducir constantemente uno al otro. Esto presenta dificultades como la pérdida de información al traducir del digital al analógico o la cosificación que se produce al traducir del analógico un digital (ej., al hablar acerca de la naturaleza de una relación). Como lo expusiera Haley, cuando una parte fundamentalmente analógica de la relación como lo es el galanteo se digitaliza mediante un contrato matrimonial, la definición de la relación se torna un dilema: "¿siguen juntos porque lo desean o porque deben hacerlo?"[6].

## Puntuación de la secuencia de hechos

Desde el punto de vista de un observador externo, la secuencia de mensajes intercambiados entre dos comunicantes puede ser considerada como una secuencia ininterrumpida de interacciones. Es decir, se trata de una secuencia de intercambios en la que el comportamiento de cada uno de los participantes es inducido por e induce, a la vez, el comportamiento de los demás. Sin embargo, quienes participan en la interacción necesariamente puntúan la secuencia de hechos arbitrariamente. En una prolongada secuencia de intercambios los sujetos participantes inevitablemente puntúan la secuencia de comportamientos o mensajes intercambiados percibiendo a uno de los participantes como actor (o estimulo) y al otro como reactor (o respuesta). De esta manera, desde la perspectiva de uno de ellos el otro es percibido como quien tiene la iniciativa, el predominio, etc., o es la víctima, el que responde exclusivamente, etc. Sin embargo, desde fuera cada acto comunicativo de uno de ellos puede ser considerado simultáneamente "un estímulo, una respuesta y un refuerzo".

El proceso de puntuación de la secuencia constituye entonces una manera de considerar una relación de dependencia mutua y circular como si fuera una relación lineal en la que un organismo dirige y otro es dirigido[9].

La puntuación de la secuencia es de vital importancia en las interacciones entre seres humanos. Ésta permite a los comunicantes establecer entre ellos ciertos patrones de intercambio, acerca de los cuales pueden estar de acuerdo o no, que les permita organizar sus propios comportamientos y el de los demás. En el aspecto cultural compartimos una serie de convenciones de puntuación que nos permiten mantener una visión común con respecto a diversos hechos. Así, por ejemplo, a una persona que se comporta de determinada manera dentro de un grupo le llamamos "autoridad" y a otra "subalterno", aunque resultaría, difícil decir cuál surge primero, qué sería del uno sin el otro o en quién reside el poder. Considerar que una persona es quien manda y el resto del grupo quien obedece, sin considerar cómo influye o determina el comportamiento del grupo la conducta de la autoridad, es sólo una de las formas de puntuar la ininterrumpida cadena de sucesos que se retroalimentan.

Resulta evidente que no existe una única manera de puntuar las secuencias de interacciones, sino, por el contrario, existen tantas formas de puntuar las secuencias como personas están comprometidas en la comunicación. En una relación es frecuente que la falta de acuerdo con respecto a la manera de puntuar la secuencia de sucesos genere una serie de conflictos. Así, por ejemplo, en el caso de un matrimonio en que la esposa presenta un problema de alcoholismo y que explica su conducta como una defensa contra el constante retraimiento y abandono de su marido, diremos que está puntuando los hechos de una manera particular. Ella afirma que el origen o causa de su alcoholismo está en la conducta indiferente de su marido hacia ella. El marido, por su parte, organizará la secuencia de eventos de otra manera, aduciendo que la explicación de su mujer no es más que una burda e infantil distorsión de lo que "realmente" sucede; esto es, que él se aleja de ella debido a su alcoholismo. Su comunicación verbal se reduce a un constante y monótono intercambio de mensajes que intentan identificar un culpable y una víctima y que se pueden resumir en el diálogo: "Tomo alcohol porque tú me tienes abandonada" y "te abandono porque te alcoholizas". Desde el interior de la relación cada uno de ellos pretende establecer una

---

[9] Cortés C. y Koerner M., *Feedback, Comunicación y Grupos T.* Tesis para Optar al Título de Psicólogo, E.P.U.C., Stgo. de Chile, 1980.

diferente secuencia lineal de interacciones en la que es posible determinar con claridad el estímulo que origina la serie de comportamientos que corresponden a la "respuesta". Lo que para él es el estímulo (alcoholismo) para ella es la respuesta y viceversa[1].

Sin embargo, si observamos desde una perspectiva más amplia que incluya a ambos participantes, nos daremos cuenta que se trata de una secuencia de hechos entrelazados en la cual no es posible señalar un comienzo o causa y una reacción a ésta. Esta secuencia circular de comportamientos que se retroalimentan es organizada arbitraria y unilateralmente por cada participante, de tal manera que los hechos aparecen como estímulo o respuestas según quien los perciba. Este tipo de interacción, generalmente, da origen a una interminable cadena de acusaciones de "distorsionar la realidad" que con frecuencia se observa en la psicoterapia familiar.

Otra secuencia de hechos que constituye un ya clásico ejemplo de puntuación es el fenómeno de la carrera armamentista entre las principales potencias mundiales. Es común observar que el país A afirma que ha adquirido un nuevo armamento en respuesta a que el vecino país B ya lo ha hecho con anterioridad. Por su parte, el país B afirma que se ha visto obligado a comprar nuevos armamentos ya que es A quien anteriormente había incrementado su arsenal. Cada país puntúa los hechos desde su propia perspectiva, aduciendo que el incremento de su armamento es sólo una respuesta a la amenaza provocada por el otro. Con este pretexto, desde dentro es siempre el enemigo el culpable del incremento de la carrera armamentista. Desde fuera no existen culpables, sino un círculo vicioso que se alimenta a sí mismo.

En su obra "Nudos" [10], el psiquiatra Ronald Laing nos presenta notables ejemplos de puntuación de la secuencia. Veamos algunos casos:

Juan sufre
al pensar
que Juana cree que él la hace sufrir
porque (él) sufre
al pensar
que ella piensa que él la está haciendo sufrir
al hacerla sentirse culpable
de hacerlo sufrir
porque (ella) piensa

---

[10] Laing R., *Nudos.* Sudamericana, Buenos Aires, 1973.

que él la hace sufrir
porque (él) sufre
al pensar
que ella piensa que él la hace sufrir
por el hecho de que

da capo sine fine.

De los ejemplos anteriores se desprende que desde dentro del sistema, se trate éste de un matrimonio, las relaciones internacionales o la relación entre Juan y Juana, cada uno de sus integrantes considera la realidad como un fenómeno en el cual es posible distinguir actores y reactores. En la medida que esto ocurra será imposible encontrar la comprensión y solución de cualquier problema. Para que esto ocurra, debemos ser capaces de reconocer que la relación causal lineal observada en los sistemas es sólo aparente y que en realidad todos sus miembros están mutuamente interrelacionados. Cada cambio observado en una de sus partes provoca cambios en las demás, lo cual a su vez, repercute en las primeras (retroalimentación) [9].

Como hemos visto hasta ahora "la naturaleza de una relación depende de la puntuación de las secuencias de comunicación entre los comunicantes"[1]. Sin embargo, como la comunicación se trata de un proceso circular y recursivo, la puntuación dependerá a su vez de la naturaleza de la relación entre los participantes.

# Interacción simétrica y complementaria

Las relaciones interpersonales pueden ser clasificadas de acuerdo a los diferentes patrones de comportamiento intercambiado entre sus integrantes. En otras palabras, todo intercambio comunicativo observado entre dos personas puede dar origen a dos grandes grupos de relación: simétricas o complementarias.

Una relación simétrica es aquella en que sus integrantes intercambian el mismo tipo de comportamiento. Tanto uno como el otro puede, indistintamente, tomar decisiones, criticar y comentar la conducta del otro, dar consejos y proponer alternativas, etc. Los miembros de este tipo de relación tienden a acentuar su igualdad con respecto a sus responsabilidades, derechos y obligaciones. Así también, con respecto al tipo de comportamiento recíproco que deberán mantener, sea éste de debilidad o fuerza, confianza o desconfianza, etc. Este tipo de relación es frecuente entre compañeros de trabajo, de colegio, amigos, hermanos, etc.[11]

Una relación complementaria es aquella que se establece cuando dos personas intercambian diferentes tipos de comportamientos. Se dice que en este tipo de relación uno de los miembros se halla en posición superior y otro en posición inferior, puesto que la conducta de uno complementa la del otro. Así, por ejemplo, una persona da órdenes y la otra las obedece o una persona pide algo y la otra lo otorga. Es éste el tipo de relación que frecuentemente se da entre padre e hijo, jefe y subalterno, médico y paciente, etc. Mientras que la relación complementaria se basa en un máximo de deferencia entre los comportamientos de sus miembros, las relaciones simétricas se basan en la igualdad o mínima deferencia de comportamiento[12].

Sin embargo, es importante señalar que en las relaciones complementarias no existe una posición mejor o peor que otra, sino sólo dos posiciones diferentes que se interrelacionan. El comportamiento de uno favorece la conducta del otro y viceversa; la existencia de uno presupone la existencia del otro y controla, a su vez, el rango de comportamientos permitidos en el otro.

---

[11] Bateson G., The Birth of a Matrix or Double Bind and Epistemology. En: M. Berger (Ed.), *Beyond the Double Bind.* Brunner/Mazel, U.S.A., 1978.
[12] Bateson G., Bali: El Sistema de Valores de un Estado Estable. En: G. Bateson (Comp.), *Pasos Hacia una Ecología de la Mente*, op. cit.

El tipo de relación que ha de establecerse entre dos personas puede estar determinado por el contexto cultural o social en que ésta se desarrolla, como ocurre en los ejemplos anteriormente señalados. Sin embargo, existen situaciones en que son las características personales de cada uno de los miembros de la relación las que, junto al contexto social, definen el tipo de interacción que mantendrán entre sí. Es decir, entre dos desconocidos, por ejemplo, la relación no está definida a priori, por lo cual deben establecer en, sus primeros encuentros un acuerdo implícito, a partir de lo que dicen y cómo lo dicen, sobre el tipo de interacción que han de seguir: simétrica o complementaria.

Si bien todos los tipos de mensajes y conductas comunicativas intercambiadas entre dos personas pueden agruparse, grosso modo, en estas dos grandes categorías (simétrica y complementaria), la relación entre dos personas no siempre es la misma en las diferentes circunstancias.

Las relaciones interpersonales son variables y pueden cambiar de naturaleza con gran rapidez de acuerdo al área en que éstas se manifiestan. Lo que en un determinado momento del tiempo pudo considerarse como una relación simétrica, en otro momento puede considerarse como una relación complementaria y viceversa. Así por ejemplo, en el desarrollo evolutivo del ser humano observamos el paso progresivo desde una relación estrictamente complementaria con sus padres y demás personas que le rodean hacia una relación cada vez más simétrica a medida que va creciendo.

Además de los dos tipos de relaciones descritos, Haley propone un tercer tipo de relación: la metacomplementaria. Esto es lo que sucede cuando una persona anima o impulsa a la otra a definir la relación entre ambos como una relación simétrica o complementaria y, por lo tanto, en un nivel superior, es en realidad la primera persona quien está definiendo la relación como complementaria. Por ejemplo, si A se comporta como una enferma desvalida y logra que B la cuide y la proteja se está disponiendo de tal forma la situación que ella queda en posición secundaria. Sin embargo, en un nivel superior, es A quien ha manejado la situación de tal forma que B haga lo que ella le pida y le obedezca en todo; en cierto modo es A quien se halla en posición superior y B en posición secundaria. Aunque teóricamente esta situación se puede prolongar hasta el infinito (relaciones meta-metacomplementarias, meta-meta-meta-complementarias, etc.) esto no ocurre así. En la vida cotidiana el ser humano sólo funciona en base a un limitado número de niveles de abstracción más allá de los cuales éstos dejan de ser significativos en un plano pragmático. Por lo tanto, sólo consideraremos dos niveles de interacción: un primer nivel donde es posible clasificar las relaciones en simétricas o complementarias y un segundo nivel en el que se encuentran las relaciones metacomplementarias[6].

Existe una gran variedad de fenómenos que pueden ser descritos según el punto de vista de los tipos de relación, a saber, simétrica, complementaria y metacomplementaria. Entre éstos se incluyen el llamado carácter nacional de un país[13], cuadros sintomáticos específico, hasta la peculiar relación observada entre la madre y su hijo esquizofrénico. Empleando la tipología propuesta para clasificar las relaciones interpersonales, Haley realiza un completo análisis de diversas estrategias psicoterapéuticas y postula que éstas pueden ser descritas como una lucha entre dos personas por establecer quién controlará el tipo de relación (simétrica, complementaria o metacomplementaria) que primará entre ambos[10].

En términos generales, entonces, todos los intercambios comunicacionales en una interacción serán simétricos o complementarios, según estén basados en la igualdad o la diferencia.


LECTURA SUGERIDA
WATZLAWICK P., BEAVIN J., JACKSON D. D., *Teoría de la Comunicación Humana*, op. cit.

---

[13] Bateson G., Moral y Carácter Nacional. En: G. Bateson (Comp.), *Pasos Hacia una Ecología de la Mente*, op. cit.

# *Los Trastornos de la Comunicación*

La comunicación humana presenta ciertos principios básicos que al ser transgredidos provocan efectos pragmáticos típicos en la interacción de las personas. En este artículo revisaremos las distorsiones de la comunicación inherentes a la violación de sus axiomas exploratorios. Es importante señalar que dichas distorsiones pueden ser eventualmente adaptativas dependiendo del contexto de la interacción. Sin embargo, enfatizaremos los posibles trastornos patológicos de la comunicación que pueden resultar de la transgresión de los axiomas.

## La imposibilidad de no comunicar

En toda situación de interacción los participantes no pueden dejar de comunicarse aun cuando lo intenten. Sin embargo, este axioma es muchas veces violado cuando las personas se comprometen en una serie de maniobras para no comunicarse con el otro, generándose, así, una serie de trastornos de la comunicación.

Supongamos, por ejemplo, una situación típica en que un desconocido le dirige la palabra pretendiendo entablar una conversación con usted mientras viaja en el tren. Supongamos, además, que usted no tiene ganas ni pretende hablar con él, pero que le es imposible abandonar físicamente la situación. Puede que usted tenga conciencia o no de que le será imposible no comunicarse, puesto que todo aquello que haga o deje de hacer tendrá un valor de mensaje para su acompañante. Sin embargo, seguramente intentará algunas de las alternativas que a continuación describiremos[1].

La posibilidad más obvia que usted tiene ante el requerimiento del desconocido es, por supuesto, ceder y aceptar la comunicación que éste le ofrece. Sin embargo, esta alternativa lo conducirá quizás a una conversación larga y difícil de interrumpir en la cual se autorrevelará a pesar suyo y acaso más allá de lo que nunca imaginó podría hacerlo con un desconocido.

Una segunda alternativa es rechazar explícitamente la comunicación diciéndole a su acompañante que no pretende hablar con él. Sin embargo, esto no le evitará entablar una relación con él, puesto que el silencio tenso e incómodo que deberán compartir ahora definirá una relación más bien hostil entre los dos.

Una tercera posibilidad, que acaso sea la más habitual, es aceptar comunicarse a nivel verbal, pero tratando de evitar el compromiso relacional inherente a dicha comunicación. En otras palabras, usted se comunicará de tal modo que su propia comunicación o la del otro quede invalidada mediante la descalificación. Las descalificaciones posibles son múltiples y entre ellas podemos enumerar los cambios de tema, la ironía, las respuestas monosilábicas, los malos entendidos, las contra-dicciones, etc. Contrariamente a lo que podría pensarse, este tipo de comunicación es generalmente aceptada y compartida por el otro, con lo cual se entabla una "deliciosa" conversación en que, a veces durante horas, "no se dice nada diciendo algo"[1]. Un hermoso ejemplo del sinsentido de este tipo de comunicación cotidiana nos lo ofrece el siguiente fragmento de una obra teatral de Harold Pinter[2]:

Mrs. Sands: ¿Por qué no se sienta, Sra.?
Rose: ¡Hudd! No, gracias.
Mr. Sands: ¿Qué dijo usted?
Rose: ¿Cuándo?
Mr. Sands: ¿Qué nombre dijo usted?
Rose: Hudd.
Mr. Sands: Eso es. Usted es la esposa del tipo ése que usted mencionó.
Mrs. Sands: No, no es. Ese era el Sr. Kidd.

---

[1] Watzlawick P., Beavin J. H. y Jackson D. D., *Teoría de la Comunicación Humana.* Tiempo Contemporáneo, Buenos Aires, 1974.
[2] Dorfman A., *El Absurdo entre Cuatro Paredes: El Teatro de Harold Pinter.* Universitaria, Stgo. de Chile, 1968.

Mr. Sands: ¿Si? Yo creía que era Hudd.
Mrs, Sands: No, era Kidd. ¿No es así, Sra. Hudd?
Rose: Ese mismo, el dueño.
Mrs. Sands: No, el dueño no; el otro.
Rose: Pues ése es su nombre. Es el dueño.
Mr. Sands: ¿Quién?
Rose: El señor Kidd.
Mr. Sands: ¿Ah, sí?
Mrs. Sands: Puede que haya dos dueños.

Una alternativa más extrema que usted tiene para solucionar su problema es disculparse de conversar mediante un síntoma de cualquier tipo que se lo impida. En este tipo de situaciones son efectivos los dolores de cabeza, el cansancio, la sordera, los desmayos, etc. En términos comunicacionales, el síntoma es conceptualizado como una comunicación, con lo cual es irrelevante si usted padece o no del dolor de cabeza, puesto que esto no altera su valor de mensaje. Por supuesto que resulta más adaptativo esgrimir un dolor inexistente como disculpa que llegar realmente a padecerlo. Para el desconocido, usted no es responsable de su dolor de cabeza, puesto que éstos son aparentemente involuntarios. De esta forma, seguramente aceptará la situación pensando que Ud. querría hablarle si pudiera, pero que algo fuera de su control, de lo cual no tiene culpa, le impide hacerlo. En otras palabras, su síntoma actúa como una comunicación que le dice al otro "no es que yo no quiera conversar, al contrario, me gustaría hablarle, pero mi dolor de cabeza no me deja". El consiguiente silencio será, por lo tanto, mucho más plácido que el anteriormente descrito, puesto que han definido su relación en términos amistosos.

También tiene usted la posibilidad de tratar de evitar absolutamente todo compromiso al comunicarse comportándose de forma que niegue que la negación a comunicarse es también una comunicación. El silencio, por ejemplo, es una forma de negar aparentemente que nos estamos comunicando. Sin embargo, casi todos sabemos y respetamos el tremendo valor comunicativo que posee ("déjenme tranquilo, no quiero que me hablen"). Para negar ahora que nuestras aparentes negativas a comunicarnos son una comunicación en sí, sólo nos resta la locura. Para ello existen una serie de maniobras de tipo esquizofrénico que nos permiten hacer creer que nuestra comunicación no tiene sentido alguno ni valor comunicativo tampoco. Una de ellas es negar que uno es el que se comunica y alegar, por ejemplo, que es Dios el que se comunica a través de uno. Nadie nos puede responsabilizar entonces por lo que decimos; además que nadie nos tomará en serio tampoco. Puede usted también negar que ha dicho algo conversándole al desconocido en un lenguaje propio plagado de neologismos y disgregaciones, haciéndolo incomprensible para el otro. Cualquier mensaje explícito que deje escurrir entre el sinsentido no será entonces tomado en consideración. Puede negar que se está comunicando con el otro planteando que le está hablando a la persona interna que éste esconde. O simplemente negar la situación adoptando una postura catatónica y actitud autista comunicando que usted no está ahí y que la situación no existe[3].

Todas estas maniobras constituyen intentos de no comprometerse aparentemente en una relación y de negar, también aparentemente, que las negativas a comunicarse constituyen una comunicación en sí mismas. Mirado desde un nivel de abstracción mayor resulta evidente que en una interacción aun el esquizofrénico está comprometido en una relación y se está comunicando significativamente.

Otro trastorno de la imposibilidad de no comunicar adopta la forma de buscar afanosamente los significados implícitos y ocultos en toda comunicación. En el ejemplo, este constituye una ingeniosa manera de endosarle el problema al desconocido respondiéndole y acosándolo con preguntas e interpretaciones acerca del significado oculto de su conversación. Seguramente, lo confundirá al punto que sea él el que ya no quiera conversar con usted, aun cuando ahora ya sabemos que a él también le será imposible no comunicarse.

# Los niveles de contenido y relación en la comunicación

Antes de considerar los trastornos referentes a los niveles de la comunicación es importante señalar que la variable tiempo es fundamental para evaluar dichos trastornos. Las situaciones a ser descritas pueden corresponder a un intercambio comunicativo o patrones de interacción mantenidos. Es a estos últimos a los que prestaremos mayor atención[1].

Dado que en toda comunicación se intercambian mensajes de contenido y relación, el mejor de los casos es aquel en que ambos participantes están de acuerdo tanto con respecto al contenido de sus comunicaciones como a la definición de su relación. Éste podría ser el caso de una persona que amistosamente le dice a otra "vamos a la playa" y la segunda acepta tanto el ir a la playa (contenido) como la definición de

---

[3] Haley J., *Estrategias en Psicoterapia*. Toray, Barcelona, 1966.

amistad (relación). Toda interacción tenderla idealmente a este doble acuerdo, aun cuando en la práctica en toda relación surge, al menos ocasionalmente, algún desacuerdo en el contenido.

La situación opuesta ocurre cuando los participantes no concuerdan con respecto al contenido de su comunicación ni a la definición de su relación. En el ejemplo, la segunda persona podría responder despectivamente "prefiero ir al campo (contenido), pero me cargaría ir contigo (relación)", lo cual constituye el doble desacuerdo ya descrito. Lo más probable es que después de esto se interrumpa la comunicación entre ambas personas.

Otra posibilidad es que los participantes estén en desacuerdo en el nivel de contenido, pero de acuerdo en el nivel relacional. Para seguir con el ejemplo, la segunda persona podría responder amistosamente (relación): "mejor vamos al campo" (contenido), con lo cual acepta la naturaleza de la relación, pero difiere en el contenido. El acuerdo a nivel relacional da un fundamento para que el desacuerdo a nivel de contenido pueda ser solucionado maduramente sin que la relación se vea perturbada. Ambas personas, por ejemplo, podrían decidir ir a un lugar del agrado de los dos.

Finalmente, los participantes pueden estar de acuerdo en el nivel de contenido, pero no en el relacional. "Buena idea ir a la playa (contenido), pero no contigo (relación)", podría responder despectivamente la segunda persona planteando la situación de desacuerdo recién descrita. Este tipo de desacuerdo amenaza la estabilidad de la relación, puesto que cuando deja de existir la necesidad de acuerdo en el contenido se pone en evidencia el desacuerdo en cuanto a la relación. A veces, por ejemplo, las dificultades escolares de un hijo confieren a la relación de ciertos padres una seudoestabilidad basada en la intervención conjunta frente a los problemas del hijo. La mejoría de éste se verá, probablemente, seguida de una crisis en la relación de sus padres, que podrá hacer reaparecer las dificultades del hijo.

Otra posibilidad de trastorno en relación a los niveles de la comunicación se refiere a la confusión de niveles donde se intenta el acuerdo. Este es el caso cuando se intenta resolver un problema relacional en el nivel de contenido (ej., una pareja que trata vanamente de ponerse de acuerdo dónde pasar las vacaciones, cuando el problema es quién debe decidir) o viceversa (ejemplo, un jefe que le dice a su subalterno: "si me respetara, no me contradiría"). Acaso sea este tipo de situaciones la más típica a la raíz de los problemas humanos.

Si bien los problemas de contenido son resueltos a nivel de información contrastándolos con la "realidad", cuando existen problemas relacionales el contenido puede aparentemente estar comunicando acerca de hechos externos, pero en el fondo sólo proponiendo ciertas definiciones de la relación. Por ejemplo, si hay desacuerdo en el contenido, el que estaba equivocado puede admirar al otro por su superioridad o negarse a aceptar esta definición complementarla de la relación en cuanto a conocimiento y tratar de restablecer la igualdad aun por medios "ilógicos". Este es el caso de Humty Dumty, por ejemplo, en su relación con Alicia[4]:

— No sé qué es lo que quiere decir con eso de la "gloria" —observó Alicia.
Humty Dumty sonrió despectivamente.
— Pues claro que no ..., y no lo sabrás hasta que te lo diga yo. Quiero decir que "ahí te he dado con un argumento que te ha dejado bien aplastada".
— Pero "gloria" no significa "un argumento que deja bien aplastado" -objetó Alicia.
— Cuando yo uso una palabra -insistió Humty Dumty en un tono de voz más bien desdeñoso- quiere decir lo que yo quiero que diga..., ni más ni menos.
— La cuestión -insistió Alicia- es si se puede hacer que las palabras signifiquen tantas cosas diferentes.
— La cuestión -replicó Humty Dumty- es saber quién es el que manda ... eso es todo.

Una posibilidad para resolver los problemas a nivel de la relación es hacerlos explícitos y hablar acerca de sí mismo y de la relación; o comunicarse acerca de la metacomunicación. Por ejemplo, una persona podría decirle a otra "siento que cada vez que me hablas tratas de dominarme". El problema aquí es que estas conversaciones acerca de la relación también llevan en sí mismas un nivel comunicativo y otro metacomunicativo. En el ejemplo, la persona podría estar usando la comunicación acerca de la metacomunicación como una maniobra para restablecer la simetría, ante lo cual la segunda persona seguramente responderá complementariamente. Mirado entonces desde un nivel superior, el hecho de hacer explícito el nivel relacional no ha cambiado en nada el patrón de relación que estas dos personas muestran. Luego la pregunta sería: una vez que dos personas han definido su relación en

---

[4] Carroll L., *Alicia a Través del Espejo*. Alianza, Madrid, 1973.

términos complementarios o simétricos ¿es posible cambiar este patrón? Los niveles cada vez más abstractos de la comunicación dificultan la respuesta.

Lo importante es señalar que en todo intercambio comunicativo las personas proponen definiciones acerca de la naturaleza de la relación que tendrán. De esta forma, una persona A siempre le comunica a B algo así como: "así es como me veo yo en relación a ti en esta situación". Ante esta autodefinición de A, B tiene al menos tres respuestas posibles.

B puede aceptar y confirmar la definición que A da de sí misma. Sin lugar a dudas, más importante que el contenido mismo de la 'confirmación (ejemplo, "sí, yo también la veo como una persona modesta"), es la afirmación implícita que toda confirmación conlleva, esto es, "para mí, tú existes". Esta confirmación de la existencia e individualidad de las personas es el factor de mayor gravitación en su desarrollo y estabilidad mental. Las personas necesitan comunicarse con otras con el propósito de construirse un sí mismo. Más allá del intercambio de información es probablemente éste el gran objetivo de la comunicación.

Otra posibilidad es que B rechace la definición de A. Este rechazo toma la forma de "para mí tú existes, pero estás equivocado en como te ves en relación a mí". Dependiendo del contexto, este rechazo puede ser constructivo o destructivo, pero siempre reconoce, al menos en parte, el sí mismo de las personas. Un ejemplo de rechazo destructivo podría ser el caso de un niño que le metacomunicara a un mayor querido lo siguiente: "Yo me veo en relación a ti como dos personas que nos necesitamos mutuamente" y el mayor lo rechazara metacomunicándole: "Estás equivocado, yo no te necesito a ti". El rechazo constructivo podría tomar la forma de otro niño que metacomunicara a su padre: "Yo te puedo pasar a llevar cuando quiero" y el padre rechazara esa autodefinición comunicándole: "Aunque tú no quieras, tendrás que obedecerme". En el rechazo se niega la verdad o falsedad de la autodefinición, pero no a la persona.

La alternativa más patológica que tiene B es desconfirmar a A. La desconfirmación no niega la autodefinición de A, sino que niega a A como fuente de definiciones. Para B, A pasa desapercibido, lo ignora. Con ello le trasmite la siguiente definición de la relación: "Para mí, tú no existes". No es difícil imaginar que este tipo de comunicación, en el marco de una relación vital como lo es la de madre e hijo, está a la base de las patologías más extremas, como ser, la esquizofrenia. La despersonalización constituye entonces el efecto pragmático de una relación en que a una persona le ha sido negada la posibilidad de establecer los límites de su sí mismo.

Sin lugar a dudas, la similitud entre la visión que uno tiene de sí mismo y la visión que el otro tiene de uno determina más que cualquier otra cosa la naturaleza de la relación que se tendrá y la posibilidad de desarrollar una identidad y ser comprendido. Como siempre, los niveles de comunicación cada vez más abstractos permiten que la confirmación, el rechazo y la desconfirmación se den en un nivel difícil de aprehender. Sin embargo, no importa el nivel de abstracción, las consecuencias pragmáticas siempre estarán presentes.

# Comunicación digital y analógica

Los trastornos de la comunicación en cuanto a lo digital y analógico se refieren básicamente a los errores de traducción de un modo a otro. El material analógico carece de la sintaxis del lenguaje digital, lo cual nos impide ordenar sus contenidos en secuencias inequívocas. Por otra parte, el lenguaje digital carece de la semántica o significados apropiados para campos como la relación, los sentimientos, los sueños, etc.[1].

Cuando se trata de traducir los mensajes analógicos al lenguaje digital se enfrenta la dificultad de definir unívocamente contenidos anti-téticos y de ordenar, en una estructura lineal, contenidos que no presentan orden alguno. ¿Cómo verbalizar "correctamente" un sueño?, por ejemplo. ¿La imagen del fuego representaba la creación o la destrucción? ¿Fue primero que ví la luz y luego se oscureció o que estaba en tinieblas y me iluminó la luz? Son preguntas, en última instancia, imposibles de responder. Toda traducción presupone alguna mutilación y nos encontramos en una situación similar a la del lecho de Procusto.

Esta dificultad se hace evidente cuando se trata de digitalizar la defi-nición de la relación, lo cual se realiza preferentemente en forma analó-gica (ejemplo: gestos, entonación, actitud, postura, etc.). Esto se ve complicado por el hecho de que cada uno digitalizará del modo que concuerde con su propia imagen de la relación. Así por ejemplo, mien-tras un cónyuge digitalice un regalo como una demostración de afecto, el otro puede considerarlo como un soborno. De esta forma, la comu-nicación digital en el nivel relacional puede resultar poco convincente.

Desde esta perspectiva, la psicoterapia tendría entre sus tareas el proveer al paciente de formas de traducción más adaptativas de sus contenidos analógicos. Una digitalización más funcional de lo analó-gico puede evitar una serie de trastornos. Por ejemplo, si una persona plantea que no puede hablar en una conferencia para la cual ha sido designada, porque le tiemblan las piernas y le tirita la voz, se le puede ofrecer una traducción más apropiada según la cual dichos temblores son la forma que tiene su organismo de prepararse para la acción, en lugar de signos de debilidad.

Otra dificultad que ofrece lo analógico es suponer que posee un carácter denotativo, es decir, que designa objetos, cuando su naturaleza es claramente proposicional y se refiere a las relaciones. Si alguien le extiende la mano a otro no está designando con ello un objeto particular, sino que sólo le está proponiendo algún tipo de relación (ejemplo: amistosa, autoritaria, suplicante, etc.) que este otro puede aceptar o rechazar.

Este carácter proposicional se hace aún más evidente cuando consideramos que en el nivel analógico no existe el equivalente al "no" digital. La única posibilidad de negar analógicamente es proponer la acción que se quiere negar y luego no llevarla a cabo. Esto es lo que sucede, por ejemplo, cuando alguien levanta el puño proponiendo un golpe y luego no golpea a su adversario.

Por otra parte, cuando se trata de traducir el material digital al nivel analógico se enfrenta la dificultad de hallar una expresión analógica adecuada para conceptos abstractos que no poseen referentes concretos. Es imposible, por ejemplo, representar analógicamente el siguiente fragmento:

"En metafísica mi credo es corto y sencillo. Pienso que el mundo externo puede ser una ilusión; pero, si existe, se compone de acontecimientos cortos, pequeños y casuales. El orden, la unidad y la continuidad son invenciones humanas. Pero las invenciones humanas pueden, dentro de ciertos límites, hacerse válidas en nuestro mundo humano, y en la conducta de nuestra vida diarias podemos olvidar con ventaja el reino del caos por el que estamos quizás rodeados"[5].

Uno de los trastornos de la comunicación en relación a la traducción de lo digital hacia lo analógico se refiere a la somatización de ciertos contenidos digitales. Por ejemplo, cuando la jaqueca verbal inventada como una excusa para evitar hacer algo se vuelve subjetivamente real y adquiere el carácter de un verdadero dolor de cabeza. Lo mismo cuando el mensaje "no soy capaz de decir que no quiero estar aquí" se transforma en un desmayo. Este regreso a lo analógico es una de las consecuencias típicas de la pérdida de la capacidad para metacomunicarse digitalmente acerca de los aspectos relacionales.

---

[5] Russell B., *La Perspectiva Científica*. Ariel, Barcelona, 1969.

# Puntuación de la secuencia de hechos

La comunicación constituye un fenómeno donde las interacciones están guiadas por una causalidad mutua y circular. Ignorar esto, en el marco de una relación, conduce a que cada uno de los participantes puntúe linealmente las secuencias comunicacionales dando origen a los trastornos que a continuación describiremos[1].

Una de las diferencias más frecuentes en torno a la puntuación de las secuencias de hechos se produce cuando uno de los participantes de la interacción no maneja la misma cantidad de información que el otro, pero lo ignora. El siguiente problema de ingenio nos ilustra este tipo de situación:

Juan estaba leyendo el diario en el vestíbulo de un hotel cuando entró una linda joven caminando apresuradamente. La muchacha corrió hacia la fuente, tomó un gran trago de agua y desapareció. A los pocos minutos la misma joven regresaba para volver a beber. Pero esta vez, un hombre de aspecto poco tranquilizador para Juan, la seguía a corta distancia. Detrás de la fuente había un espejo. Cuando la muchacha alzó la mirada, después de beber, vio que el sujeto empuñaba una pistola y le apuntaba como si fuera a dispararle. Un grito de terror resonó en el vestíbulo y Juan se lanzó a salvarla. Pero entonces, el individuo bajó el arma y la joven se echó a reír. ¿Qué estaba ocurriendo? ... La extraña conducta de la joven se explica fácilmente cuando se maneja toda la información que Juan ignoraba. La muchacha tenía hipo y el hombre trataba de quitárselo dándole un buen susto[6].

Las diferencias de puntuación basadas en la desinformación generan malentendidos y círculos viciosos que pueden ser resueltos cuando la comunicación misma se transforma en tema de conversación o, en otras palabras, cuando los participantes se metacomunican explícitamente acerca de la situación.

Generalmente al comunicarnos nos basamos en el supuesto falso de que los demás cuentan con la misma información que uno posee, o bien, que existe una sola realidad compartida por todos y que, por lo tanto, puede ser interpretada de una única manera. Olvidar que hay tantas versiones del mundo como personas existen genera una serie de conflictos interaccionales en los cuales cada uno de los miembros de la relación sostiene que cualquier puntuación de la realidad distinta a la propia tiene que deberse necesariamente a la mala intención o la irracionalidad del otro.

---

[6] Gardner M., *Inspiración Ajá*. Labor, Barcelona, 1981.

Otro trastorno de la comunicación debido a las discrepancias en la puntuación se refiere a la diferente percepción de causa y efecto en una interacción por parte de sus miembros. Esto ocurre cuando cada uno de los participantes considera que con su comportamiento sólo está reaccionando ante ciertas conductas del otro y niega, por supuesto, que su propio comportamiento contribuya a generar dichas conductas. La misma puntuación es hecha por el otro miembro de la relación. Con estas puntuaciones lineales de una interacción circular sólo se dificulta una comprensión sistémica del problema. Un ejemplo de lo anterior lo constituye el siguiente fragmento[7]:

Actúo de un modo que es cauteloso para mí, pero cobarde para ti. Actúas de un modo que es valiente para ti, pero temerario para mí. Ella se considera alegre, pero él la considera superficial.

Él se considera amable, pero ella lo considera seductor.

Ella se considera reservada, pero él la considera fría y altanera. Él se considera cortés, pero ella lo considera falso.

Ella se considera femenina, pero él la considera débil y dependiente. Él se considera masculino, pero ella lo considera despótico y dominante.

A la base de las puntuaciones descritas se encuentra el concepto de "profecía autocumplida". Ésta se refiere a "aquella conducta que provoca en los demás la reacción frente a la cual dicha conducta sería apropiada"[1]. Esto es lo que ocurre, por ejemplo, cuando una adolescente parte de la premisa "nadie se fija en mí" y se comporta de manera retraída y pasiva en sus reuniones sociales (ej., se sienta en un rincón, no habla una palabra, permanece cabizbaja, etc.). Lo más probable es que ante semejante comportamiento los demás reaccionen con indiferencia, no fijándose en ella y cumpliendo así la profecía que la adolescente había hecho de sí misma.

En términos pragmáticos, la profecía autocumplida genera un patrón de relación repetitivo. Generalmente este patrón obliga a los demás a adoptar una posición complementaria que refuerza mutuamente la puntuación que los miembros hacen de su relación. Dependiendo del contexto, la profecía autocumplida puede generar círculos viciosos o círculos virtuosos. Un ejemplo de esto último son aquellas personas que puntúan su realidad como una en la cual ellos son muy felices, generando así las situaciones apropiadas que confirman su premisa.

---

[7] Laing B., Phillipson H. y Lee A. R., *Percepción Interpersonal*. Amorrortu, Buenos Aires, 1978.

# Interacción simétrica y complementaria

Uno de los trastornos de la comunicación en cuanto a la simetría y complementariedad de la relación lo constituye la denominada escalada simétrica[1]. Este tipo de patrón interaccional se produce cuando uno de los miembros de la relación la puntúa como una en la cual él se encuentra en una posición inferior con respecto al otro e inicia entonces maniobras para ser un "poquito más igual" que aquel o, en otras palabras, para establecer una relación simétrica entre ambos. Sin embargo, el otro miembro de la relación puntúa la situación en forma exactamente opuesta (es él el que se encuentra en posición inferior), con lo cual frente a las maniobras del primero reacciona a su vez con maniobras para ser un "poquito más igual" que aquel. Las maniobras hacia la simetría se van sucediendo entonces en una escalada creciente que teóricamente no tiene fin.

En ciertos contextos donde la regla es la competencia, este tipo de escalada podría dar buenos resultados; como por ejemplo, un aumento de la producción entre dos empresas que compiten por un mercado. Sin embargo, en el contexto de las relaciones interpersonales este tipo de escalada tiene efectos más bien nocivos para la relación. Éste sería el caso de una pareja que se compromete en el juego "Yo soy tan bueno como tú", donde sin importar el contenido de la comunicación cada comportamiento de uno de los miembros es percibido por el otro como un intento de superarlo y es seguido entonces por una maniobra de éste para restablecer el equilibrio. Enseguida el primero puntúa de la misma forma iniciando otra maniobra para restablecer la igualdad perdida. De esta forma se genera una escalada sin fin que sume a ambos participantes en la frustración y desgaste emocional.

Otro tipo de trastornos observados corresponde a la complementariedad rígida[1]. Ésta surge cuando un miembro A de la relación le exige al otro B que confirme la definición complementaria que A da de sí mismo, aun cuando B deba modificar la percepción que tiene de A o de sí mismo. Es inherente a las relaciones complementarias el que una autodefinición sólo pueda mantenerse si el otro miembro acepta desempeñar el rol complementario correspondiente. Si B quiere mantener su relación con A se verá obligado a modificar su propia autodefinición de forma tal que ésta corrobore la de A. Así por ejemplo, si un participante se define a sí mismo como la única persona capaz de tomar decisiones y manejar los asuntos importantes, el otro participante deberá aceptar esta definición y cambiar su autopercepción, aun cuando pensara que es tan capaz como el otro para tomar decisiones. Esto es evidente en los matrimonios donde este acuerdo debe existir para no alterar la relación.

Existen trastornos psicológicos tales como el sadomasoquismo que claramente pueden ser descritos en términos de complementariedad rígida. En un contexto más social la complementariedad rígida se encuentra también institucionalizada. Éste es el caso del ordenamiento jerárquico en las fuerzas armadas, donde la clara y rígida definición de roles complementarios debe ser mantenida bajo toda circunstancia. En este sentido, los subordinados deberán estar siempre dispuestos a cumplir órdenes y servir a sus superiores, sin cuestionar nunca ni el contenido de la comunicación ni la definición complementaria de la relación. Lo que en un contexto de paz resulta exagerado se torna adaptativo en situaciones de emergencia como la guerra.

La complementariedad rígida juega un papel vital en el desarrollo psicobiológico de una persona durante su infancia temprana. Sin embargo, este patrón que permite confirmar ampliamente el "sí mismo" de un niño en cierta etapa de la vida, resultará invalidante si se mantiene a medida que se va haciendo adulto.

En una relación sana los patrones de simetría y complementariedad se alternan diariamente a través del tiempo y de las diferentes áreas o contextos de la relación. De esta forma, los intercambios simétricos y complementarios actúan como mecanismos homeostáticos que se equilibran entre sí y estabilizan la relación. Los trastornos de la relación se generan cuando este equilibrio se ve descompensado mediante escaladas simétricas o complementariedad rígida.


LECTURA SUGERIDA
WATZLAWICK P., BEAVIN J., JACKSON D. D., *Teoría de la Comunicación Humana*, op. cit.

# *Guía*

Situándose en el marco de referencia general propuesto por el Enfoque Interaccional de la comunicación, reflexione en torno a las siguientes proposiciones:

- Sin un contexto, la comunicación y la interacción no poseen significado alguno.

- A partir de la Teoría de los Tipos Lógicos se podría afirmar que los niveles de conciencia y conocimiento posibles son infinitos.

- Los ritos sociales constituyen puntuaciones compartidas de las relaciones interpersonales.

- A diferencia de las matemáticas, en la comunicación el cero posee una dimensión positiva. No tender una mano tiene consecuencias pragmáticas concretas.

- La siguiente es la afirmación textual de un padre de familia: "En mi familia no hay reglas, porque para qué quieres tú las reglas. Si tú tienes reglas es porque tienes susto de confrontar las cosas".

- El sentido común cree que más comunicación siempre es mejor que menos; pero así como ecológicamente más no siempre es mejor que menos, así también en un contexto interaccional más comunicación no siempre es mejor que menos.

# Capítulo 8

# Juegos Interaccionales

# *Eleusis*

## Objetivo

Este juego ha sido diseñado con el propósito de contrastar grupalmente el fenómeno de la puntuación de la secuencia de hechos en la construcción de la realidad. Pueden intervenir hasta ocho jugadores por juego y el tiempo de duración es de dos horas aproximadamente.

## Procedimiento

*1. Número de jugadores:* se requiere un mínimo de cuatro jugadores y un máximo de ocho. También es posible jugarlo entre tres, pero en este caso ningún jugador puede ser profeta.

*2. Materiales:* se utilizan dos mazos de naipes completos mezclados conjuntamente; en ocasiones, si un juego se alarga demasiado, se puede agregar un tercer mazo de naipes.

*3. Objetivo:* un juego completo está formado por una o varias rondas (o mano de juego); en cada ronda reparte las cartas un jugador distinto. Este jugador recibirá el nombre de Dios. En cada ronda las cartas son desplegadas en una línea principal horizontal que contiene cierto patrón y que va creciendo a medida que el juego progresa. Debajo de esta línea central existen líneas laterales verticales formadas por las cartas que no siguen el patrón. El objetivo del juego consiste en descubrir cuál es el patrón de ordenamiento que existe en las cartas ubicadas en la línea principal (ver figura 1).

*4. Regla secreta:* cada ronda tiene una regla secreta diferente que especifica las cartas que serán aceptadas y rechazadas en la línea principal. Al comienzo de la ronda ningún jugador conoce esta regla. La regla secreta es establecida por Dios, quien no deberá contar a nadie esta regla. La regla secreta se anota en una hoja de papel que se guarda para futura consulta y referencia. Esta debe estar redactada con precisión y sin ambigüedad. En base a esta regla Dios determinará qué cartas son aceptadas (cartas lícitas) y cuáles son rechazadas. Las cartas aceptadas se van agregando a la derecha de la línea principal y las rechazadas se ponen en las líneas laterales.

Los jugadores deberán adivinar en qué consiste la regla a partir de la observación del patrón que va emergiendo en las cartas desplegadas en la línea principal. Mientras menos tarde un jugador en descubrirla, tanto mayor será el puntaje que obtenga.

## Figura 1: Una típica ronda de Eleusis en fase temprana

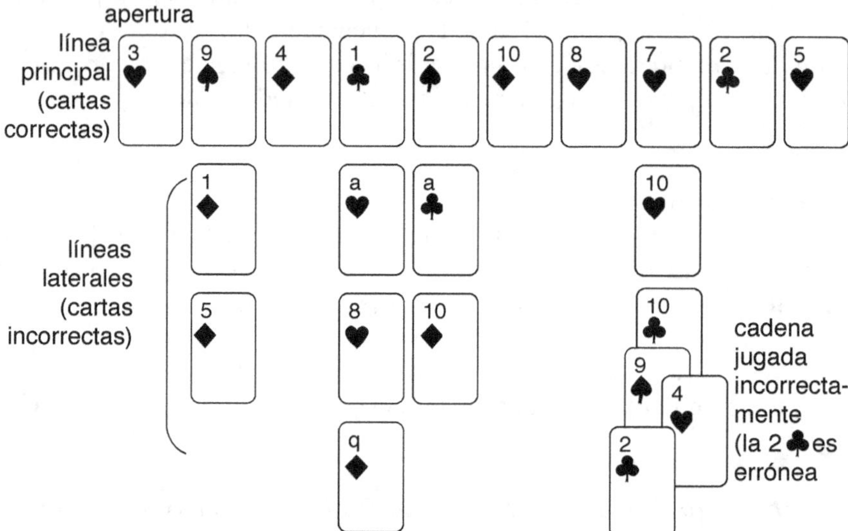


La norma oculta debe referirse solamente a la sucesión de cartas lícitamente jugadas. En ningún caso la regla puede depender de circunstancias ajenas a las cartas. Entre los ejemplos de reglas inaceptables están las que dependen de que el jugador sea hombre o mujer, la hora del día, de si Dios se rasca o no la cabeza y otras semejantes.

Antes de que comience el juego Dios puede, si lo desea, dar una indicación verídica acerca de su regla. Por ejemplo, puede declarar que en la regla no importa la pinta del naipe o bien, que la regla depende de las dos últimas cartas que se hayan jugado. Una vez que el juego comienza no se puede dar ninguna indicación.

He aquí algunos ejemplos de reglas:

- "Si la última carta lícitamente jugada fue impar, jugar una carta negra; si fue par, jugar una carta roja". En todas estas reglas la carta lícitamente aceptada se refiere a la última carta aceptada en la línea principal o, si ninguna carta ha sido aceptada aún, se refiere a la "carta de apertura".

- "Si la última carta fue negra, jugar una carta de valor mayor o igual; si fue roja una carta de valor menor o igual".

*5. Reparto de naipes:* el repartidor o Dios baraja los dos mazos de naipes dando 14 cartas a cada jugador y ninguna para sí. A continuación coge una carta más que será la "carta de apertura" y la coloca en la parte izquierda más extrema de la superficie de juego.

*6. El juego:* comienza el jugador que está sentado inmediatamente a la izquierda de Dios, prosiguiendo en sentido horario alrededor del círculo. Una jugada consiste en colocar sobre la mesa una o más cartas. Para jugar una sola carta, el jugador elige una de las que tiene en la mano y la muestra a todos. Si de acuerdo a la regla secreta esa carta es lícita Dios dice "Buena" y la carta se coloca a la derecha de la carta de apertura, en la línea principal. Si la carta no satisface la regla Dios la declara "Mala". En este caso la carta se coloca inmediatamente debajo de la última carta jugada formando la línea lateral. Cuando un jugador juega equivocadamente una carta, Dios le da dos cartas de castigo.

Cuando un jugador cree haber descubierto la regla secreta puede jugar una "cadena" de dos, tres o cuatro cartas a la vez. Para hacerlo se superponen los naipes respetando el orden que el jugador cree correcto y se las muestra a todos los demás. Si todas las cartas de la cadena respetan la regla, Dios las declara "Buenas". Luego todas las cartas se colocan en la línea principal como si fueran jugadas individualmente. Si la cadena contiene una o más cartas incorrectas, Dios declara "Malo" todo el conjunto sin indicar cuáles son la(s) carta(s) incorrecta(s). Esta serie se coloca sobrepuesta en la línea lateral correspondiente. El jugador recibe como castigo el doble de cartas que tuviera la cadena.

Puede suceder que un jugador crea conocer la regla y no disponga de cartas para jugar lícitamente. Tiene, entonces, la opción de declararse "Sin Juego". En este caso ha de mostrar sus cartas a todos. Si Dios lo declara correcto y si su mano no consta de más de cuatro cartas, se devuelven todas sus cartas al mazo y la ronda termina. Si el jugador está en lo cierto y tiene cinco cartas o más, se devuelven sus cartas al mazo y se le reparte una nueva mano con cuatro cartas menos de las que tenía (en el mejor de los casos: 1). Si el jugador se equivoca al declarar que no tiene juego, Dios toma una de sus cartas correctas y la pone en la línea principal. El jugador conserva sus restantes cartas y como pena recibe cinco más.

*7. Profeta:* cuando un jugador cree conocer la regla secreta tiene la oportunidad de aumentar su puntación. Para ello se declara Profeta. El Profeta inmediatamente asume los deberes de Dios, declarando "Buenas" o "Malas" las jugadas de los demás y dando cartas de castigo a quien corresponda. Para declararse Profeta se requieren las siguientes condiciones:

(a) Haber jugado recién (bien o mal), sin que todavía lo haya hecho el siguiente jugador.
(b) Que no haya ya un profeta.
(c) Quedar todavía en el juego al menos dos jugadores, aparte de él y Dios.
(d) No haber sido ya Profeta en esa misma ronda.

Cuando un jugador se declara Profeta pone un marcador sobre la última carta que ha jugado. Puede usarse un rey o reina de ajedrez. Éste conserva sus cartas, pero no juega ninguna hasta que sea derrocado. El juego continúa en el mismo orden anterior. Cada vez que un jugador juega una carta o conjunto de ellas el Profeta la declara "Buena" o "Mala". A continuación Dios valida o invalida la profecía declarándola "Correcta" o "Incorrecta". Si el Profeta está en lo correcto la carta o el conjunto de ellas se colocan en la línea principal o lateral dependiendo de la regla secreta. El Profeta da las cartas de castigo si es que procede.

Si Dios declara "Incorrecta" la profecía, el Profeta es derrocado inmediatamente siendo declarado "Falso Profeta". Dios quita la marca del Falso Profeta y le da cinco cartas de castigo que deberá añadir a su mano. Este jugador no puede volver a ser Profeta en la misma ronda, aunque sí puede serlo cualquier otro jugador.

Tras la caída de un Profeta, Dios reasume sus deberes originales y completa la jugada que hizo caer al Profeta colocando la carta o cadena de cartas en el lugar correspondiente de la mesa. Si la jugada es "Mala" no da cartas de castigo. El objetivo de esta excepción es alentar a los jugadores a jugadas insólitas -incluso deliberadamente erróneas- con la esperanza de destituir al Profeta.

Si hay un Profeta y un jugador que cree no tener cartas para jugar, lo que rara vez ocurre, existen cuatro posibilidades:

(a) Profeta dice "Buena" y Dios dice "Correcto". El Profeta sigue el procedimiento anterior.
(b) El Profeta dice "Buena" y Dios dice "Incorrecto". El Profeta es derrocado y Dios vuelve a dirigir el juego sin castigar al jugador por su error.
(c) El Profeta dice "Mala" y Dios dice "Incorrecto". Es decir, el Jugador tiene la razón. El Profeta es derrocado, Dios sigue con sus

funciones, en tanto que el jugador devuelve sus cartas al mazo tal como ya se ha detallado en el caso de "Sin Juego".

(d) El Profeta dice "Mala" y Dios dice "Correcto". En este caso el Profeta debe elegir una carta correcta de la mano del jugador y colocarla en la línea principal. Si el Profeta elige correctamente, castiga al jugador con cinco cartas y el juego prosigue.

Si no elige la carta correcta el Profeta es derrocado. Dios devuelve la carta a la mano del jugador, elige la adecuada y el jugador no es castigado.

**8. *Expulsión:*** si después de jugarse treinta cartas aún no hay ningún Profeta, los jugadores son expulsados de la ronda tan pronto cometan un error; esto es, jueguen una carta mala o se declaren "Sin Juego" equivocadamente. El jugador expulsado recibe las cartas de castigo correspondientes a su jugada que conserva para su puntaje y abandona la ronda.

Si hay Profeta, las expulsiones se retrasan hasta que haya colocado al menos veinte cartas a partir del marcador del Profeta. Se marca con alfiles de ajedrez cuando son posibles las expulsiones. Mientras no haya Profeta, se pone un peón blanco cada diez cartas jugadas sobre la mesa. Si hay Profeta se pone un peón negro sobre la décima carta colocada después del marcador del Profeta. Al derrocar a un Profeta se retira su marca y los peones negros.

Una ronda puede finalizar de dos maneras:

(a) Cuando un jugador se libra de todas sus cartas o

(b) cuando todos los jugadores (excluyendo al Profeta si lo hay) hayan sido expulsados.

**9. *Puntuación:*** (a) El máximo número de cartas que conserva un jugador (incluyendo al Profeta) se llama "Cuenta Máxima". Cada jugador (Profeta incluido) le resta a la cuenta máxima el número de cartas de su mano. Esta diferencia es su puntaje. Si no tiene ninguna carta, además recibe una bonificación de cuatro puntos.

(b) El Profeta también recibe una bonificación. Ésta es el número de cartas de la línea principal situadas después de su marcador, más el doble del número de cartas laterales situadas a continuación de él. Es decir, un punto por cada carta correcta desde su ascenso a Profeta más dos puntos por cada carta errónea.

(c) El puntaje de Dios es igual al puntaje más alto que registre un jugador. Hay una excepción: si hay Profeta se cuenta el número de cartas (buenas y malas) que preceden al marcador del Profeta y se duplica dicho número. Si el resultado es menor que el puntaje más alto, el puntaje de Dios es el número más chico.

(d) En principio, el juego terminaría cuando todos los jugadores hubieran pasado por el turno de repartidores o Dios, pero es fácil que esto tome mucho tiempo. Si los participantes desean terminar el juego antes de que todos hayan sido Dios, cada jugador suma el puntaje obtenido en cada ronda más diez puntos si nunca ha sido Dios.


## Discusión

- La discusión deberá centrarse en el tipo de puntuación realizado por cada participante en la búsqueda de la regla secreta.
- ¿Qué tipo de variable incide en que una puntuación sea más acertada que la otra?
- Relacione el fenómeno de puntuación de la secuencia de hechos con los procesos de razonamiento inductivo y deductivo.
- Examine el papel de la intuición en relación a la puntuación.
- Compare este juego con la atribución de significado en las relaciones interpersonales.
- Relacione este juego con el método científico.
- ¿Cuánta evidencia es necesaria para cambiar o corregir las puntuaciones?
- En una relación interpersonal, ¿cómo se maneja la información que no coincide con las puntuaciones originales?
- Señale qué problemas se pueden generar en una relación en que los participantes no tienen puntuaciones coincidentes.
- ¿Existen puntuaciones establecidas? ¿Cuáles?
- ¿Es posible predecir el comportamiento en los demás a partir de las puntuaciones que éstos realizan?

# La Imposibilidad de no Comunicar

## Objetivo

Este juego ha sido diseñado con el propósito de contrastar experimentalmente la validez de los axiomas de la comunicación interpersonal. Puede participar cualquier número de personas y el tiempo de duración es variable.

## Procedimiento

- Se divide a los participantes en grupos de cinco personas, las que se ubicarán en círculo alrededor de una mesa.
- El profesor confeccionará un set de cartas de acuerdo a los tópicos contenidos en la hoja de trabajo; deberá hacer dos cartas de cada tópico.
- A continuación repartirá ocho cartas a cada uno de los participantes de acuerdo a la siguiente agrupación:

       N° 1:    1-3-4-6-11-14-17-19.
       N° 2:    2-4-5-7-8-13-17-20.
       N° 3:    1-5-9-10-13-16-18-19.
       N° 4:    2-6-8-10-12-15-20-11.
       N° 5:    3-7-9-14-15-16-18-12.

- Los participantes no deberán mirar el contenido de sus cartas hasta que el profesor indique que el juego ha comenzado.
- Paralelamente, el profesor repartirá a cada uno de los participantes veinte tarjetas con tres estrellas, veinte con dos estrellas y veinte con una estrella.
- Los participantes deberán tomar las cartas en sus manos y leer su contenido. A continuación el profesor nombrará a un participante como el iniciador del juego.
- El iniciador deberá sacar una carta de la mano del participante que está a su izquierda; los participantes no podrán ver las cartas hasta que hayan elegido una. Si la carta coincide con algunas de las que él posee deberá tomar ambas, dejarlas sobre la mesa y deberá responder lo que allí se expresa.
- El participante tiene absoluta libertad para responder como desee o bien no responder.

- Una vez que el participante indique que ha finalizado, la persona que está a su derecha elegirá una carta de sus manos. Si coincide con una de las que ya posee repite el procedimiento anterior. Si no ocurre así, guarda la carta entre las suyas y las ofrece al participante que está a su derecha y así sucesivamente hasta que se terminen las cartas.

- Cada vez que un participante tenga en sus manos dos cartas iguales y responda al tópico, los demás participantes deberán hacerle entrega de una tarjeta de acuerdo al siguiente criterio:

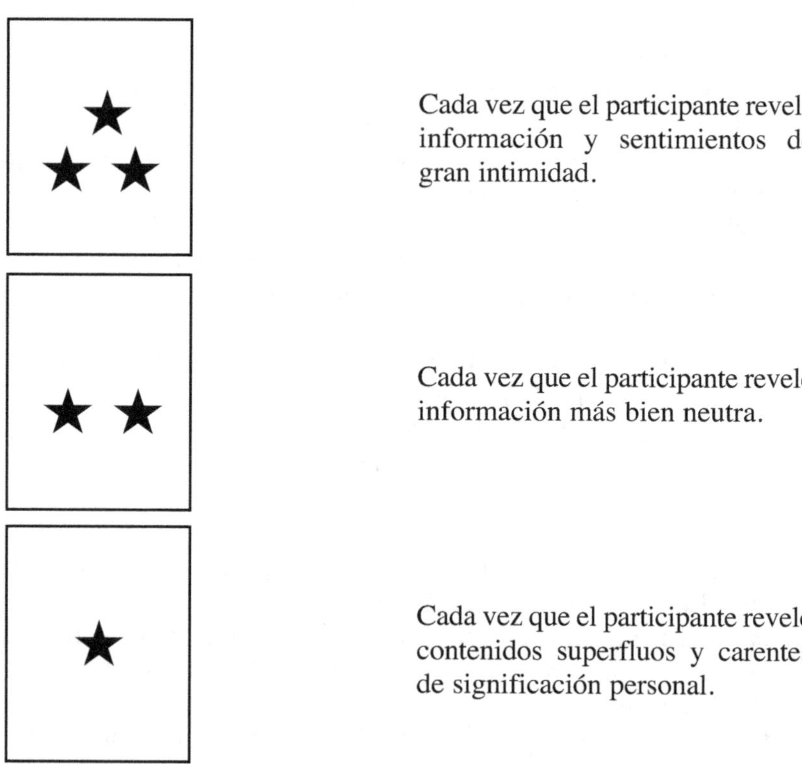

Cada vez que el participante revele información y sentimientos de gran intimidad.

Cada vez que el participante revele información más bien neutra.

Cada vez que el participante revele contenidos superfluos y carentes de significación personal.

- El juego finaliza cuando se terminan las cartas. Si el ejercicio se alarga demasiado el profesor puede detenerlo cuando estime conveniente.

- Contrastar grupalmente la situación experienciada.

---

**Hoja de trabajo**

CARTAS

1. Creo que el evento social que más gozo es ...

2. El instante en que he estado más enamorado(a) ...

3. Una deficiencia personal que nunca he podido corregir es ...

4. La pena más honda de mi vida ...

5. Mi principal fracaso ...

6. Mi nivel de aspiración para el futuro es ...

7. Corporalmente hablando, siempre me ha afectado el hecho de ...

8. Algo que siempre he tratado de mantener en secreto es ...

9. Hubo una vez que sentí que me moría y fue ...

10. Mi última alegría fue ...

11. Durante toda mi vida ha habido algo que no he podido olvidar y es ...

12. Un defecto que he ido mejorando y que ya casi no se nota es ...

13. Tengo una inquietud en el plano sexual y es ...

14. Algo o alguien por quien haya sentido o sienta un fuerte odio es ...

15. Hay hechos y situaciones que me deprimen con facilidad y son ...

16. No hay cosa más linda que ...

17. Hay una persona que siempre tengo presente y es ...

18. A veces pienso que yo debo servir para ...

19. Si me dieran la oportunidad de reunir una gran cantidad de personas para escucharme les diría ...

20. Familiarmente hablando hay una situación que me ha marcado para el futuro y es ...

### Discusión

- La discusión deberá centrarse en las consecuencias pragmáticas de los axiomas de la comunicación según lo observado en el juego.
- Discuta las maniobras en las que se comprometieron los participantes con la intención de no comunicarse.
- ¿Cuál fue el resultado de estas maniobras? ¿Lograron su objetivo? ¿Por qué?
- ¿Cómo fueron evaluadas estas maniobras por los demás participantes? ¿Hubo acuerdo entre ellos?
- ¿Qué sucedió cuando hubo discrepancia entre la comunicación digital y la metacomunicación analógica?
- ¿Qué nivel de la comunicación fue evaluado mejor?
- ¿Cómo fueron evaluados los participantes que se negaron a responder? ¿Cómo reaccionaron a esto?
- ¿En base a qué criterios se hizo la evaluación?
- ¿Qué sintieron los participantes al ser evaluados por personas que no tenían nada que arriesgar?
- ¿Cómo reaccionaron los demás participantes ante revelaciones muy íntimas? ¿Qué metacomunicaron?
- ¿Cómo reaccionó el participante que se autorrevelaba ante la metacomunicación de los demás?
- ¿Hubo acuerdo entre la carta de evaluación y lo que metacomunicaba el participante?
- ¿Qué efectos pragmáticos tuvo el contexto en la comunicación de los participantes?
- ¿Cómo influía la definición de la relación entre los participantes en el grado de intimidad de sus respuestas?
- Discuta las diferencias en las puntuaciones de las respuestas entre el que se autorrevelaba y los que lo evaluaban.

# *Reestructurando*

## Objetivo

Este juego está diseñado con el propósito de ejercitarse en el delicado arte de reestructurar los problemas. La solución a éstos sólo podrá ser conseguida mediante un cambio en el nivel lógico en el cual se intentan primeramente resolver los problemas. El número de participantes que puede intervenir es ilimitado y el tiempo de duración es variable.

## Procedimiento

- Suministrar a los participantes la hoja de trabajo, la cual deberán responder individualmente.
- Una vez que todos los participantes hayan terminado el profesor dará las soluciones contenidas en la hoja de respuesta e iniciará la discusión.

---

### Hoja de trabajo

Resuelva individualmente los siguientes problemas:

1. Conecte los siguientes nueve puntos mediante cuatro líneas rectas sin levantar el lápiz. Las líneas no pueden repasarse, pero pueden cruzarse entre sí.

. . .

. . .

. . .

2. Rodee con un círculo cuatro números de modo que sumen veintiuno.

| | | |
|---|---|---|
| 1 | 1 | 1 |
| 3 | 3 | 3 |
| 5 | 5 | 5 |
| 9 | 9 | 9 |

3. Moviendo sólo dos vasos, forme una hilera donde los vasos llenos y los vacíos se vayan alternando.

---

4. Distribuya las diez monedas en estos tres vasos de modo que en cada vaso haya un número impar de monedas.

5. Moviendo una sola moneda deje dos líneas con tres monedas cada una.

6. De los veinticuatro fósforos siguientes retire 10 fósforos y deje ocho. No puede romper los fósforos.

7. De los 24 fósforos siguientes retire 19 fósforos y deje ocho.

8. De los 24 fósforos siguientes retire 13 fósforos y deje ocho.

9. Con los siguientes seis fósforos forme cuatro triángulos equiláteros.

## Hoja de respuesta

1.

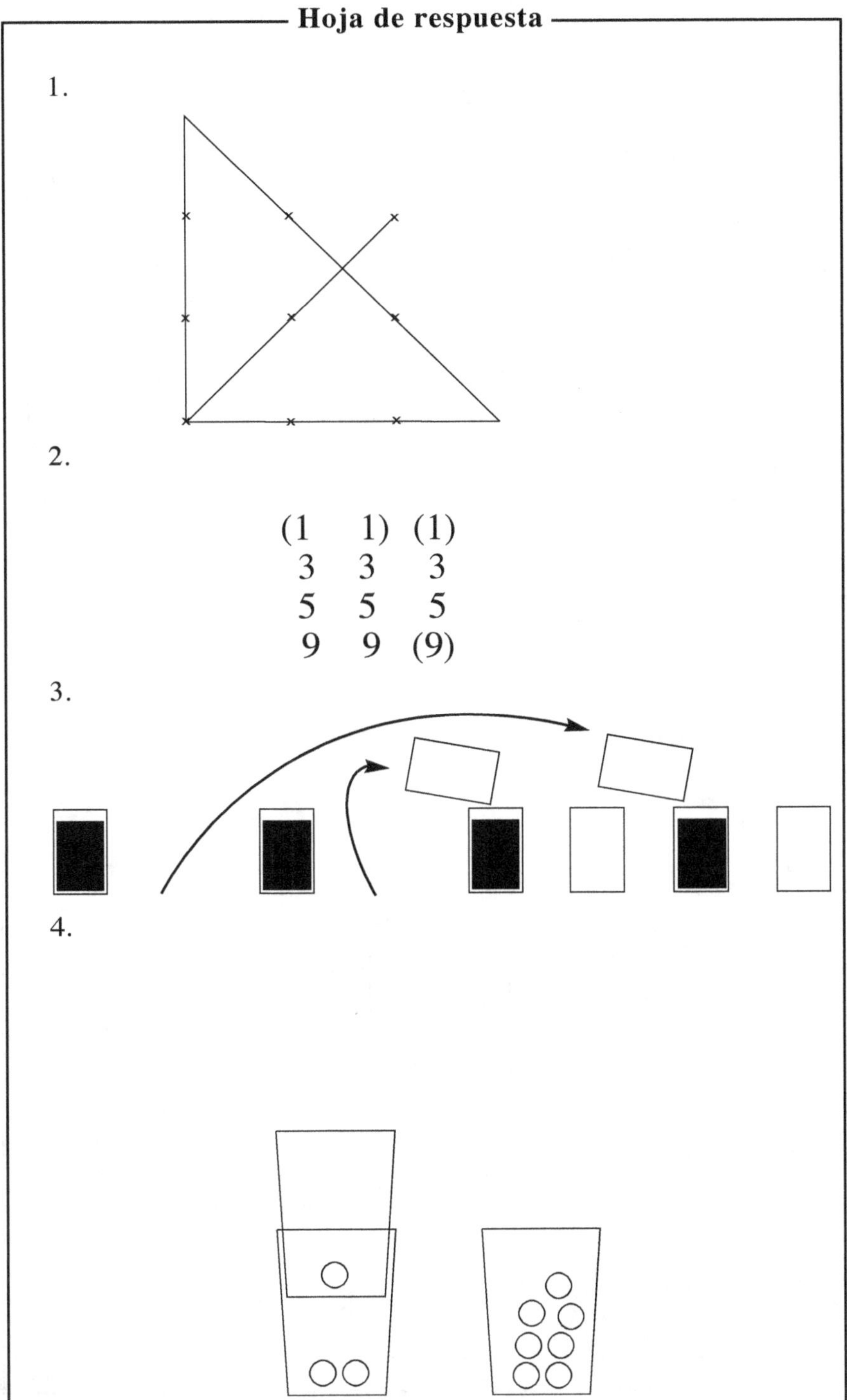

2.

$$(1 \quad 1) \quad (1)$$
$$3 \quad 3 \quad 3$$
$$5 \quad 5 \quad 5$$
$$9 \quad 9 \quad (9)$$

3.

4.

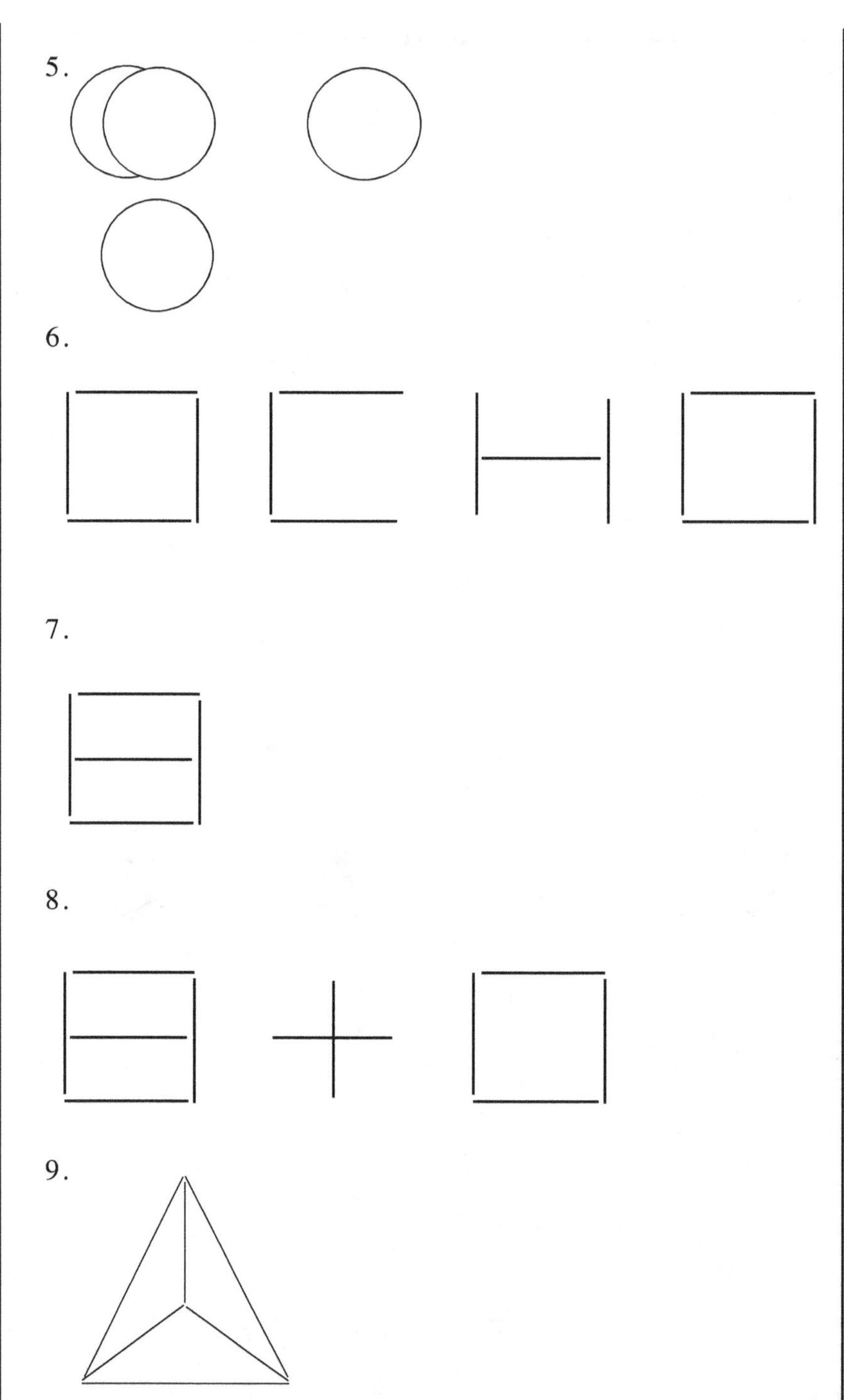

## Discusión

- La discusión deberá centrarse en las dificultades que se presentan al intentar la solución de problemas desde un nivel lógico que no corresponde al nivel en que ésta se encuentra.
- ¿Qué supuestos o premisas impedían a los participantes obtener la solución deseada?
- ¿Qué tipo de información es necesario conocer para lograr un cambio en el nivel, en el cual se intentan primeramente resolver los problemas?
- ¿Qué consecuencias pragmáticas se pueden generar al intentar la solución de problemas desde un nivel lógico equivocado?
- Discutir las aplicaciones prácticas del arte de reestructurar problemas.

# *Metalenguaje*

## Objetivo

Este juego está diseñado con el propósito de ejercitar la discriminación de los niveles de abstracción de la comunicación en el ámbito del lenguaje. Puede intervenir cualquier número de participantes y el tiempo de duración es de aproximadamente treinta minutos.

## Procedimiento

- Suministrar a cada participante una hoja de trabajo, la cual deberá ser respondida individualmente.
- Una vez que todos los participantes hayan terminado, el profesor dará las soluciones contenidas en la hoja de respuesta e iniciará la discusión.

### Hoja de trabajo

En el lenguaje usamos las palabras para referirnos a los objetos; pero también las usamos para referirnos al lenguaje mismo, es decir, para mencionarlas. Cuando una palabra es usada para ser mencionada (no para referirse al objeto que denota) es necesario ponerla entre comillas. De acuerdo a esto, responda verdadero o falso a las siguientes proposiciones:

1. Fin de semana es un concepto ambiguo.
2. No fue ése el "fin de semana" que estuve en la playa.
3. Pablo es un nombre masculino.
4. María, en cambio, prefiere el nombre Andrés que es el nombre de su tío "Andrés Ernesto".
5. Es necesario ponerle comillas a la palabra "comillas" cuando ésta es mencionada en una frase.
6. Pablo es un buen hombre.
7. Pablo es una palabra de cinco letras.
8. No es necesario saber "gramática" para aprender a ubicar las comillas.
9. Después de todo, "gramática" es una bonita palabra.
10. Además, es la gramática la que nos enseña dónde acentuar las palabras esdrújulas como "gramática".

**Hoja de respuesta**

1. Falso
2. Falso
3. Falso
4. Falso
5. Verdadero
6. Verdadero
7. Falso
8. Falso
9. Verdadero
10. Verdadero

## Discusión

- La discusión deberá centrarse en la dificultad que ofrece el lenguaje para discriminar sus propios niveles de abstracción.
- ¿Cómo se relaciona esto con los niveles de comunicación en la interacción?
- ¿Cuál es el equivalente de las comillas en la interacción?
- ¿Cuáles son las ventajas y desventajas del lenguaje en cuanto a la interacción?
- Discutir si es posible que la Teoría de los Tipos Lógicos sea sólo un artificio formal para evitar las paradojas inherentes al lenguaje y a la interacción.
- ¿Cómo pueden analogizarse las comillas?

# *Digital - Analógico I*

## Objetivo

Este juego ha sido diseñado con el propósito de experienciar las dificultades que surgen al traducir de la modalidad digital a la analógica. Puede intervenir cualquier número de participantes y el tiempo de duración es de sesenta minutos aproximadamente.

## Procedimiento

- El profesor elegirá un miembro del grupo y le dirá la primera palabra contenida en la hoja de trabajo sin que el resto de los participantes la escuche.
- El participante dispondrá de 2 minutos para representarle analógicamente al resto del grupo esa palabra.
- No podrá hablar ni indicar directamente la palabra en cuestión.
- Una vez que se haya cumplido el tiempo el grupo intentará adivinar la palabra.
- Luego se repite el procedimiento anterior con el resto de los ítemes de la hoja de trabajo. Puede continuar el mismo participante o bien turnarse con el resto del grupo.
- Una vez finalizada la hoja de trabajo, se discutirán grupalmente los resultados.

---

### Hoja de trabajo

| | |
|---|---|
| Silla | Familia |
| Puerta | Amistad |
| Bicicleta | Placer |
| Corchetera | Inteligencia |
| Habitación | Lealtad |
| Buque | Interés |
| Diario | Dolor |
| Piedra | Metafísica |
| Suelo | Religión |
| País | Homeostasis |

**Discusión**

- La discusión deberá centrarse en las dificultades que surgen al traducir lo digital a lo analógico.
- ¿Cuán difícil fue para el o los "actores" transmitir las palabras por medios no verbales? ¿Qué problemas surgieron?
- ¿Variaba la dificultad a medida que avanzaba el número de ítemes? Explíquelo.
- ¿Cuáles fueron las claves no verbales más frecuentemente usadas?
- ¿Qué claves eran más fáciles de entender? ¿A qué se debe?
- Discuta la siguiente afirmación: "Las personas gesticuladoras poseen un pobre vocabulario".
- ¿Qué significa esta frase para usted: "tus acciones hablan tan fuerte que no puedo escuchar una palabra de lo que dices"? Dé un ejemplo.
- ¿Son los gestos sustitutos de las palabras o más bien un complemento?
- ¿Cuál es la utilidad de las claves no verbales?
- Describa experiencias personales en las que haya tenido dificultades para traducir de lo digital a lo analógico.
- ¿En qué tipo de situaciones es común observar esta dificultad?
- ¿Qué consecuencias pragmáticas puede tener un error de traducción de este tipo?

# *Digital - Analógico II*

## Objetivo

El propósito de este juego es contrastar experiencialmente las dificultades que surgen al traducir de la modalidad analógica a la digital. Puede intervenir cualquier número de participantes y el tiempo de duración es de sesenta minutos aproximadamente.

## Procedimiento

- Dividir a los participantes en grupos de 5 personas.
- Suministrar la hoja de trabajo a cada miembro del grupo.
- Un miembro del grupo leerá en voz alta la primera de las proposiciones contenidas en la hoja de trabajo la cual deberá ser realizada por todos los miembros del grupo. Permita un minuto para esta fase.
- A continuación el mismo miembro que leyó la proposición relatará su experiencia verbalmente a los demás miembros del grupo.
- Se repite el mismo procedimiento con cada uno de los miembros del grupo.
- Cuando todos los miembros del grupo hayan participado, al menos una vez, discutirán grupalmente la experiencia.

---

### Hoja de trabajo

Analice individualmente las siguientes proposiciones manteniendo los ojos cerrados y a su turno relate su experiencia al resto del grupo.

- Imagine una escena placentera que haya vivido recientemente.
- Imagine que está en la playa y escucha el ruido del mar y el graznar de las gaviotas.
- Imagine que está, tendido en una tina de agua caliente que le llega hasta el cuello.
- Imagine que está degustando su postre preferido.
- Imagine que está tocando con sus manos un trozo de piel muy suave.
- Imagine una situación reciente en que haya sentido mucha rabia.

---

- Imagine una situación reciente en que se haya sentido muy feliz.
- Imagine una situación reciente en que haya sentido mucha ternura.
- Imagine una situación reciente en que se haya sentido muy angustiado.
- Imagine una situación reciente en que haya sentido mucho miedo.

## Discusión

- La discusión deberá centrarse en las dificultades que surgen al intentar traducir experiencias de carácter analógico a un lenguaje digital.
- ¿Cuáles fueron los problemas más frecuentes al traducir estados emocionales un código verbal?
- ¿Hubo acuerdo entre las sensaciones que provocaba cada proposición?
- ¿Fue difícil expresar estas sensaciones?
- ¿Hubo proposiciones que fueran más fáciles de expresar que otras?
- ¿Es posible expresar una emoción o sensación sin emplear claves no verbales?
- ¿Qué relación existe entre el lenguaje digital y el analógico?
- ¿Cuál es la importancia de ambos?
- Describa situaciones en las cuales la utilización del lenguaje digital juega un rol preponderante en relación al analógico y viceversa.
- Describa situaciones personales en las que haya tenido dificultades para traducir lo analógico a un lenguaje digital.

# Bibliografía

# A. Obras Consultadas


ABBOT R., *The New Eleusis*. Booklet, New York, 1977.
> Manual de reglas de la última versión del Juego Eleusis, el cual constituye una entretenidísima simulación de las puntuaciones de las secuencias de hechos en la construcción de la realidad.

ARISTÓTELES, *El Arte de la Retórica*. Eudeba, Buenos Aires, 1966.
> Versión original del tratado de retórica de mayor trascendencia, que a pesar de haber sido escrito hace más de dos mil años no ha perdido actualidad.

BARTHES R., *Investigaciones Retóricas I: La Antigua Retórica*. Tiempo Contemporáneo, Buenos Aires, 1974.
> Breve obra que describe el desarrollo histórico del Arte de la Retórica. Resume en forma sistemática algunas de sus principales formulaciones.

BATESON G., Información y Codificación: Un Enfoque Filosófico. En J. Ruesch y G. Bateson, *Comunicación, la Matriz Social de la Psiquiatría*. Paidós, Buenos Aires, 1965.
> Análisis de los procesos de codificación e información en la comunicación. Lectura fundamental, puesto que contiene la primera formulación del concepto de metacomunicación.

BATESON G., Las Convenciones de la Comunicación: Cuando la Validez Depende de las Creencias. En: J. Ruesch y G. Bateson, *Comunicación, la Matriz Social de la Psiquiatría*. Paidós, Buenos Aires, 1965.
> Excelente artículo acerca del carácter simbólico de la comunicación, de su nivel relacional, del papel del contexto de aprendizaje y de sus inherentes paradojas.

BATESON G. (comp.), *Pasos Hacia una Ecología de la Mente*. Carlos Lohlé, Buenos Aires, 1976.
> Antología de los trabajos de Gregory Bateson realizados entre los años 1953-1971. Abarca los campos de la antropología, la psiquiatría, la comunicación, la ecología y otros. Imprescindible para un estudioso de la comunicación.

BATESON G., Contacto Cultural y Esquismogénesis. En: G. Bateson (comp.), *Pasos Hacia una Ecología de la Mente*. Op. cit.
Primera formulación de los patrones de simetría y complementariedad en el marco de un estudio antropológico de las culturas.

BATESON G., Moral y Carácter Nacional. En: G. Bateson (comp.), *Pasos Hacia una Ecología de la Mente*. Op. cit.
Descripción del llamado carácter nacional de los pueblos en términos de contextos de aprendizaje simétrico o complementario.

BATESON G., Bali: El Sistema de Valores de un Estado Estable. En: G. Bateson (comp.), *Pasos Hacia una Ecología de la Mente*. Op. cit.
Aplicación de la teoría de juego de Von Neumann al análisis del carácter de la sociedad balinesa.

BATESON G., Estilo, Gracia e Información en el Arte Primitivo. En: G. Bateson (comp.), *Pasos Hacia una Ecología de la Mente*. Op. cit.
Brillante descripción de los niveles lógicos de la comunicación en el arte primitivo, a los cuales relaciona con los niveles posibles de conciencia.

BATESON G., La Planificación Social y el Concepto de Deuteroaprendizaje. En: G. Bateson (comp.), *Pasos Hacia una Ecología de la Mente*. Op. cit.
Formulación de los contextos y los niveles de aprendizaje. Describe el concepto de deuteroaprendizaje: aprendizaje del aprendizaje. Imprescindible para cualquier psicólogo.

BATESON G., Una Teoría del Juego y la Fantasía. En: G. Bateson (comp.), *Pasos Hacia una Ecología de la Mente*. Op. cit.
Uno de sus trabajos cumbres. Brillante análisis de los niveles y paradojas de la comunicación en términos de la teoría de los tipos lógicos.

BATESON G., Epidemiología de una Esquizofrenia. En: G. Bateson (comp.), *Pasos Hacia una Ecología de la Mente*. Op. cit.
Breve descripción del contexto de aprendizaje que subyace al desarrollo de la esquizofrenia.

BATESON G., JACKSON D.D., HALEY J. y WEAKLAND J.H. Hacia una Teoría de la Esquizofrenia. En: G. Bateson (comp.), *Pasos Hacia una Ecología de la Mente*. Op. cit.
Trabajo central en el desarrollo del Enfoque Interaccional de la comunicación. Primera formulación formal de la hipótesis del doble vínculo como condición necesaria para el desarrollo de la esquizofrenia.

BATESON G., La Dinámica Grupal de la Esquizofrenia. En: G. Bateson (comp.), *Pasos Hacia una Ecología de la Mente*. Op. cit.
Interesante análisis de la dinámica familiar del esquizofrénico. Describe las alianzas posibles entre los miembros de una familia mediante la teoría de juego de Von Neumann.

BATESON G., Requisitos Mínimos para una Teoría de la Esquizofrenia. En: G. Bateson (comp.), *Pasos Hacia una Ecología de la Mente*. Op. cit.
Discusión de los corolarios epistemológicos que la teoría del doble vínculo tiene en el campo de las ciencias de la conducta y teoría de la evolución.

BATESON G., Doble Vínculo 1969. En: G. Bateson, *Pasos Hacia una Ecología de la Mente*. Op. cit.
Breve reexamen de las consecuencias de la teoría del doble vínculo en la epistemología de la ciencia.

BATESON G., Las Categorías Lógicas del Aprendizaje y la Comunicación. En: G. Bateson (comp.), *Pasos Hacia una Ecología de la Mente*. Op. cit.
Aplicación de la teoría de los tipos lógicos al concepto de aprendizaje. Describe al menos cuatro niveles de abstracción en las situaciones de aprendizaje.

BATESON G., Problemas de Comunicación en Cetáceos y Otros Mamíferos. En: G. Bateson (comp.), *Pasos Hacia una Ecología de la Mente*. Op. cit.
Análisis de los niveles de comunicación y de sus modalidades digital y analógica en delfines y otros mamíferos.

BATESON G., Forma, Sustancia y Diferencia. En: G. Bateson (comp.), *Pasos Hacia una Ecología de la Mente*. Op. cit.
Uno de sus trabajos cumbre. Un ensayo acerca de la teoría del conocimiento y la comunicación en el ser humano.

BATESON G., La Explicación Cibernética. En: G. Bateson (comp.), *Pasos Hacia una Ecología de la Mente*. Op. cit.
Excelente descripción de la teoría cibernética y de sus principales corolarios en el ámbito de la comunicación.

BATESON G., JACKSON D.D., HALEY J. y WEAKLAND J. H., A Note on the Double Bind (1962). En: D.D. Jackson (ed.), *Communication, Family and Marriage*. Human Communication, Vol. 1, Science and Behavior Books, 1974.
Brevísima reseña que describe los aspectos más significativos de la teoría del doble vínculo y de sus posibles desarrollos y aplicaciones.

BATESON G., A Formal Approach to Explicit, Implicit, and Embodied Ideas and to their Forms of Interaction. En: C.E. Sluzki y D.C. Ransom (ed.), *Double Bind: The Foundation of the Communication Approach to the Family*. Grune and Stratton, USA, 1976.
Breve reseña acerca del desarrollo histórico del pensamiento batesoniano.

BATESON G., The Birth of a Matrix or Double Bind and Epistemology. En: M.M. Berger (ed.), *Beyond the Double Bind*. Brunner/Mazel, USA, 1978.
Una presentación del desarrollo histórico y teórico de la epistemología batesoniana. Conviene leerlo.

BATESON G., *Mind and Nature: A Necessary Unity*. Dutton, USA, 1979.
Última obra de Bateson. Un resumen acabado de sus ideas más importantes, escrito con la sabiduría de uno de los grandes generalistas del siglo XX.

BATESON G., y BATESON M.C., *Angel Fear*. Mac Millan, N. York, 1987.
Trabajo llevado a cabo por la hija de Bateson; en su mayor parte reúne conversaciones y conferencias elaboradas por Bateson durante el período 1979-80, todas las cuales se complementan y avanzan con respecto a *Mind and Nature*.

BEARDSLEY M., *Thinking Straight*. Prentice-Hall, N. Jersey, 1975.
Texto que describe una serie de principios de razonamiento especialmente destinados a lectores y escritores. Destaca por qué los ejemplos y ejercicios incluidos están tomados de temas concretos extraídos de la prensa.

BERLO D.K., *El Proceso de la Comunicación*. El Ateneo, Buenos Aires, 1973.
Sencilla forma de introducirse en el campo teórico de la comunicación humana. Como marco de referencia general, este modelo es un buen comienzo para ubicarse en el tema.

BERLO D.K., Communication as Process: Review and Commentary. En: B.D. Rubén (ed.), *Communication Yearbook I*. Transaction Books, USA, 1977.
Revisión del concepto de proceso aplicado a la comunicación. Reformulación de su modelo en términos de información e incertidumbre.

BETH E.W., *Las Paradojas de la Lógica*. Teorema, Valencia, 1978.
Esquemática presentación de las paradojas en los sistemas formales.

BROCKMAN J. (ed.), *About Bateson: Essays on Gregory Bateson*. Dutton, USA, 1977.
Interesante recopilación de siete ensayos realizados por eminentes pensadores en torno a la vida y obra de Gregory Bateson, entre los cuales se incluye su propia hija.

CARROLL L., *El Juego de la Lógica*. Alianza, Madrid, 1972.
Con un tratamiento y humor propios de Carroll, este libro presenta una buena ocasión para acercarse a la lógica.

CARROLL L., *Alicia en el País de las Maravillas*. Alianza, Madrid, 1976.
Aparentemente un cuento de niños, posee un valor inestimable para el estudio del lenguaje, el pensamiento y la comunicación.

CARROLL L., *Alicia a través del Espejo*. Alianza, Madrid, 1973.
Un libro para adultos que puede ser leído por niños. Maravillosa descripción del mágico mundo que es posible descubrir una vez que los límites de la lógica han sido traspasados.

CHERRY C., *On Human Communication*. MIT Press, USA, 1966.
Obra que reúne los conocimientos aportados por estudios especializados de la comunicación, escrita en un lenguaje accesible al lector. Recomendable.

COOMB C.H., DAWES R.M. y TVERSKY A., *Introducción a la Psicología Matemática*. Alianza, Madrid, 1981.
Aplicación de los diversos métodos matemáticos en la investigación de los problemas psicológicos, entre los que se cuentan la teoría de la medición, la teoría de juegos y la teoría de la información.

CORTÉS C. y KOERNER M. *Feedback, Comunicación y Grupos T*. Tesis para optar al título de psicólogo. EPUC, Stgo. de Chile, 1980.
Aplicación del concepto cibernético de retroalimentación al fenómeno de la comunicación en el marco de los grupos T.

DEAÑO A., *Introducción a la Lógica Formal*. Alianza, Madrid, 1980.
Contiene una introducción interesante y didáctica al estudio de los niveles de abstracción del lenguaje. Abunda en ejemplos tomados de obras literarias.

DELL P., Paradox redux. *Journal of Marital and Family Therapy*. Abril, 1981, pp. 127-134.
Una visión alternativa de la paradoja en la comunicación humana.

DORFMAN A., *El Absurdo entre Cuatro Paredes*: *El Teatro de Harold Pinter*. Universitaria, Stgo. de Chile, 1968.
Un análisis critico de la obra del teatro del absurdo del dramaturgo Harold Pinter, quien lleva hasta sus límites el sinsentido de algunas relaciones humanas.

FRY W. F. y WEAKLAND J.H., Letters of Mothers of Schizophrenic. En: D.D. Jackson (ed.), *Communication, Family and Marriage*. Op. cit.
Descripción de los impresionantes patrones formales de comunicación observados en las cartas que las madres de esquizofrénicos envían a sus hijos.

GARDNER M., Juegos Matemáticos. *Investigación y Ciencia*, Diciembre, 1977, No 15.
Interesante descripción y análisis del juego Eleusis, pasatiempo que proporciona una buena simulación de la búsqueda de la verdad.

GARDNER M., *Carnaval Matemático*. Alianza, Madrid, 1980.
Aproximación lúdica a diversos planteamientos matemáticos.

GARDNER M., *Nuevos Pasatiempos Matemáticos*. Alianza, Madrid, 1980.
Entretenidos y curiosos desafíos para el razonamiento que permiten internarse en los campos de la matemática en son de juego.

GARDNER M., *Inspiración ¡Ajá!* Labor, Barcelona, 1981.
Entretenida manera de ejercitarse en las reacciones "¡Ajá!" que permiten solucionar problemas imposibles de resolver mediante el razonamiento tradicional.

GOLEMAN D., Breaking Out the Double Bind. *Psychology Today*. August 1978, Vol. 12, No 3.
Profunda entrevista realizada a Gregory Bateson en la última etapa de su vida.

GUERNEY L. y GUERNEY B., Programa de Habilidades Parentales y de Comunicación. En: *Revista del Domingo*. Septiembre, 1981.
Entrenamiento en las habilidades comunicativas entre padres e hijos desde una perspectiva berliana.

GUEROULT M. (comp.), *El Concepto de información en la Ciencia Contemporánea*. Siglo XX, México, 1970.
Compilación de una serie de trabajos y discusiones en torno al concepto de información en el amplio espectro de campos en que éste puede ser aplicado.

GUILLAMAUD J., *Cibernética y Lógica Dialéctica*. Artiach, Madrid, 1971.
Manual introductorio al método cibernético que además pretende redimir su valor filosófico.

HALEY J., *Estrategias en Psicoterapia*. Toray, Barcelona, 1966.
Descripción de los diferentes métodos de psicoterapia desde el punto de vista de las paradojas que se plantean en la relación terapeuta-paciente.

HALEY J., *Tácticas de Poder de Jesucristo y otros Ensayos.* Tiempo Contemporáneo, Buenos Aires, 1974.
Excelente serie de ensayos acerca de ciertas artes no convencionales del ser humano, como, por ejemplo, "el arte de ser esquizofrénico" y el "arte de fracasar como terapeuta" desde la perspectiva comunicacional.

HALEY J., El Arte del Psicoanálisis. En: J. Haley (comp.). *Tácticas de Poder de Jesucristo y otros Ensayos.* Op. cit.
Incisivo análisis de la permanente lucha de poder que se genera entre el analista y su paciente por obtener el control de la comunicación terapéutica.

HALEY J., Family Experiments: A new Type of Experimentation. En: D. D. Jackson (ed.). *Communication, Family and Marriage.* Op. cit.
Revisión de los aportes y dificultades planteados por la investigación en familias iniciada por el denominado proyecto Bateson.

HALEY J., Development of a Theory: A History of a Research. En: C. Sluzki y D.C. Ransom (ed.). *Double Bind: The Foundation of the Communicational Approach to the Family.* Op. cit.
Resumen y evaluación personal de los 10 años de trabajo en equipo junto al denominado proyecto Bateson.

HALEY J., Toward a Theory of Pathological Systems. En: P. Watzlawick y J.H. Weakland (ed.). *The Interactional View.* Norton, USA, 1977.
Análisis del llamado "Complejo de Edipo" desde una perspectiva familiar sistémica e interaccional.

HALEY J., *Terapia para Resolver Problemas.* Amorrortu, Buenos Aires, 1980.
Detallada formulación de un tipo de terapia centrada en la resolución de problemas. Excelente manual para terapeutas.

HASSENSTEIN B. Información y Noticia. En: O.W. Haseloff (comp.). *La Comunicación.* Tiempo Nuevo, Caracas, 1970.
Breve monografía acerca del concepto de información en un lenguaje muy sencillo.

HOFSTADTER D.R., *Gödel, Escher, Bach: An Eternal Golden Braid.* Basic Books, USA, 1979.
Obra profunda, clara, original y bella que, entre otros temas, trata del carácter reflexivo de los sistemas comunicacionales.
Hay una versión en español llevada a cabo por los autores del presente texto: *Gödel, Escher, Bach: un Eterno y Grácil Bucle.* Tusquets Editores, Barcelona, 1987.

HOFSTADTER D.R., Juegos Matemáticos. *Investigación y Ciencia*, agosto 1980, No 47.
Interesante artículo acerca del concepto de autoalusión. Ofrece un sinnúmero de ejemplos de autoalusión en la comunicación.

HUGHES P. y BRECHT G., *Vicious Circles and Infinity.* Penguin Books, London, 1978.
La paradoja comunicacional presentada en forma muy original.

JACKSON D.D. (ed.), *Therapy, Communication and Change.* Human Communication. Vol. 2. Science and Behavior Books, USA, 1968.
Excelente antología que contiene los trabajos del grupo del MRI y Bateson. Pone su énfasis en el aspecto teórico.

JACKSON D.D. (ed.). *Communication, Family and Marriage*. Human Communication. Vol. 1. Science and Behavior Books, USA, 1974.
Excelente antología que contiene los trabajos del grupo del MRI y Bateson. Pone su énfasis en el aspecto clínico.

JACKSON D.D., The Study of the Family. En: P. Watzlawick y J.H. Weakland (ed.). *The Interactional View*. Op. cit.
Formulación del concepto de regla familiar como mecanismo homeostático en la relación de los miembros de una familia.

JACKSON D.D., Family Rules: Marital Quid Pro Quo. En: P. Watzlawick y J.H. Weakland (ed.). *The Interactional View*. Op. cit.
El matrimonio como un contrato interaccional de la pareja; es analizado desde el punto de vista de las reglas familiares y comunicacionales.

KEENEY B.P., Ecosystemic Epistemology: Alternative Paradigm for Diagnosis. *Family Process*, June 1979, Vol. 8.
Intenta describir formalmente la epistemología subyacente al trabajo de los terapeutas que enfrentan al diagnóstico en forma sistémica.

KRUPAR K.R., *Communication Games*. Free Press, USA, 1973.
Recopilación de juegos diseñados con el propósito de experienciar diversos aspectos del proceso de comunicación.

LAING R.D., *Nudos*. Sudamericana, Buenos Aires, 1973.
Descripción de patrones de comunicación perturbados.

LAING R.D., PHILLIPSON H. y LEE R.A., *Percepción Interpersonal*. Amorrortu, Buenos Aires, 1973.
Descripción de los círculos sin fin generados por los múltiples niveles de autopercepción y de percepción interpersonal.

LIPSET D. *Gregory Bateson: the Legacy of a Scientist*. Prentice-Hall, N. Jersey, 1980.
A la fecha, la biografia más completa y exhaustiva de Bateson, elaborada por quien fuera uno de sus alumnos.

MILLER G.A., *Psicología de la Comunicación*. Paidós, Buenos Aires, 1969.
Introducción a la teoría matemática de la comunicación y la psicolingüística. Constituye una buena manera de comenzar el estudio de este campo.

NICKERSON R., *Reflections on Reasoning*. Erlbaum, N. Jersey, 1986.
Discusión sobre la naturaleza de la lógica, creencia y razonamiento. Abunda en ejemplos prácticos. Su estilo literario posibilita un fácil acceso a los contenidos.

PEARCE W. y CRONEN V., *Communication, Action and Meaning*. Praeger, N. York, 1980.
Obra que por momentos se acerca a un enfoque de tipo interaccional y en otros presenta una visión de la comunicación diferente. Destaca la originalidad del enfoque, en especial la parte referente a la comunicación como agente que construye realidades.

PLATÓN, *Gorgias*. Eudeba, Buenos Aires, 1967.
Diálogo que describe la retórica platónica como un instrumento adecuado para la conquista del poder político.

RAPOPORT A., ¿Qué es la Información? En: A. G. Smith (comp.). *Comunicación y Cultura*. Nueva Visión, Buenos Aires, 1972.
Introducción a la teoría matemática de la comunicación, en donde se destaca su conexión con la semántica, la física y la biología.

ROMESBURG H.C., Simulating Scientific Inquiry with the Card Games Eleusis. *Science and Education*, 63(5): 599-608 (1979).
Analogía entre el juego Eleusis y la naturaleza de la investigación científica.

RUBEN B.D. y BUDD R.W., *Human Communication Handbook: Simulation and Games*. Hayden, USA, 1975.
Recopilación de juegos y simulaciones basados en una perspectiva sistémica de la comunicación.

RUBEN B.D., *Human Communication Handbook: Simulation and Games*. Vol. 2, Hayden, USA, 1978.
Recopilación de juegos y simulaciones basados en una perspectiva sistémica de la comunicación.

RUSSELL B., *La Perspectiva Científica*. Ariel, Barcelona, 1969.
Estudio de la influencia de las ciencias sobre diversas áreas del quehacer humano.

SCHULZ, *Aquí llega Carlitos*. Nueva Imagen, México, 1979.
Genial tira cómica que proporciona excelentes ejemplos de comunicación e interacción.

SHANNON C. Information Theory. En: *Encyclopaedia Britannica*. Inc. USA, 1965.
Trascendental formulación de los principios y conceptos de la teoría de la información. Indispensable para cualquier teórico de la comunicación.

SIMONETTI F., Juegos de Comunicación. Tesis para optar al titulo de psicólogo. EPUC, Stgo. de Chile, 1978.
Manual de juegos de comunicación que proporciona una amplia gama de alternativas para complementar diversas situaciones de aprendizaje.

SIMONETTI F., Paradojas, Tipos Lógicos y Cambio: El Aporte del Enfoque Interaccional a la Solución de Problemas. *Revista Chilena de psicología*, Vol. 4, No 1, 1981.
Resumen de los principales aportes del enfoque interaccional al fenómeno del cambio desde la perspectiva de la teoría de los tipos lógicos.

SIMONETTI F., *En torno al Concepto de Paradoja*. Artículo interno EPUC. Noviembre, 1981.
Descripción didáctica de los conceptos de contradicción y paradojas en el ámbito de la comunicación.

SIMONETTI F., *Análisis Interaccional de la Relación de Alicia y Humty Dumty*. Artículo interno EPUC, febrero, 1982.
Aplicación de los axiomas exploratorios del enfoque interaccional al análisis de las relaciones humanas a partir de dos personajes carrollianos.

SLUZKI C.E. y RANSOM D.C. (ed.), *Double Bind: The Foundation of the Communicational Approach to the Family*. Grune and Stratton, USA, 1976.
Antología que contiene los principales trabajos en torno al concepto de doble vínculo; especialmente indicada para psicólogos clínicos.

SLUZKI C.E. y VERON E., *The Double Bind As a Universal Pathogenic Situation*. (1971). En: C.E. Sluzki y D.C. Ransom (ed.), Double Bind: The Foundation of the Communicational Approach to the Family. Op. cit. Aplicación del concepto de doble vínculo a los cuadros psicopatológicos clásicos: fobia, histeria, obsesiones, etc.

SMITH A. G. (comp.), *Cultura y Comunicación*. Nueva Visión, Buenos Aires, 1972. Excelente compilación de trabajos realizados por los autores originales de la teoría de la información, de la cibernética y de la psicolingüística.

SMULLYAN R., *What is the Name of this Book?* Prentice Hall, USA, 1978. Una entretenida recopilación de problemas lógicos cuyas soluciones teóricas han sido tratadas en forma muy didáctica. Enseña a razonar rigurosamente.

TOULMIN S., RIEKE R. y JANIK A., *An Introduction to Reasoning*. Mac Millan, New York, 1984. Texto que presenta todas las facetas involucradas en el proceso de razonamiento considerado como herramienta persuasiva. Exhaustivo en su análisis. De innegable valor para quienes guardan relación con la comunicación retórica.

WATZLAWICK P., BEAVIN J.H. y JACKSON D.D., *Teoría de la Comunicación Humana*. Tiempo Contemporáneo, Buenos Aires, 1974. Formalización del conocimiento acumulado en torno al proceso de comunicación desde una perspectiva sistémica, pragmática e interaccional. Imprescindible.

WATZLAWICK P. y WEAKLAND J.H. (ed.), *The Interactional View*. Norton, USA, 1977. Antología de los trabajos realizados en el MRI durante más de una década.

WATZLAWICK P. y BEAVIN J.H., Some Formal Aspects of Communication. En: P. Watzlawick y J.H. Weakland (ed.), *The Interactional View*. Op. cit. Breve descripción de los axiomas exploratorios de la comunicación propuestos por el enfoque interaccional.

WATZLAWICK P., WEAKLAND J.H. y FISCH R., *Cambio*. Herder, Barcelona, 1976. Interesante intento de integración de los modelos matemáticos con los patrones de cambio en los seres humanos. Ofrece gran variedad de ejemplos prácticos.

WATZLAWICK P., *¿Es Real la Realidad?* Herder, Barcelona, 1979. A partir de ejemplos cotidianos se demuestra cómo la comunicación crea la realidad. Analiza las situaciones de confusión y desinformación en la comunicación.

WATZLAWICK P., *El Lenguaje del Cambio*. Herder, Barcelona, 1980. Plantea que el lenguaje constituye la llave natural para provocar cambio terapéutico.

WEAKLAND J.H., The Double Bind Hypothesis of Schizophrenia and Three Party Interaction. En: C.E. Sluzki y D.C. Ransom (ed.), *Double Bind: The Foundation of the Communicational Approach to the Family*. Op. cit. Interesante artículo en el que se amplía la noción de doble vínculo para incluir ambos padres en el sistema de interacción patológico.

WEAKLAND J.H., Gregory Bateson: An Appreciation. *Journal of Marital and Family Therapy*. January, 1981.
Una apreciación personal de la obra y persona de Gregory Bateson.
WEAVER W., La Matemática de la Comunicación. En: A.G. Smith (comp.), *Comunicación y Cultura*. Op. cit.
Un artículo central para la comprensión de la teoría de la información planteado por uno de sus autores.
WILDER C., From The Interactional View-A Conversation with Paul Watzlawick. *Journal of Communication*. Autum, 1978, Vol. 28, No 4.
Una entrevista que actualiza los contenidos y principios del enfoque interaccional.
WILDER C., The Palo Alto Group: Difficulties and Directions of the Interactional View for Human Communication Research. *Human Communication Research*. Winter, 1979.
Un análisis crítico de las dificultades que presentan los postulados del enfoque interaccional para la investigación en comunicación.
WHITEHEAD A.N. y RUSSELL B., *Principia Mathematica*. Cambridge University, Cambridge, 1913.
Obra que incluye una solución a la paradoja a partir de la "teoría de los tipos lógicos".
WITTGENSTEIN L., *Tractatus Logico-Philosophicus*. Alianza, Madrid, 1973.
Fuente inagotable para el estudio de la comunicación desde una perspectiva interaccional.
WITTGENSTEIN L., *Investigaciones Filosóficas*. Ed. Crítica, Barcelona, 1988.
Otra fuente inagotable para el estudio de la comunicación desde un punto de vista interaccional.

# B. Fuentes bibliográficas de los juegos, simulaciones y ejercicios

El diseño de los juegos, simulaciones y ejercicios incluidos en el texto está basado en diversas fuentes. Sin embargo, la casi totalidad de ellos han sido adaptados de tal modo que su objetivo, procedimiento y discusión guarda escasa relación con el original.

**Debate:** Adaptado de Ruben B. D., *Human Communication Handbook: Simulations and Games*, Vol. 2, Hayden, U.S.A., 1976.

**Lo Verosímil I, Lo Verosímil II, Empatía:** Adaptados de Krupar K. R., *Communication Games*. Free Press, U.S.A., 1973.

**Razonando I:** Adaptado de Carroll L., *El Juego de la Lógica.* Alianza, Madrid, 1972.

**Razonando II:** Adaptado de Gardner M., *Inspiración ¡Ajá!* Labor, Barcelona, 1981.

**Razonando III:** Adaptado de Smullyan R., *What is the Name of this Book?* Prentice Hall, U.S.A., 1978.

**Retroalimentación I:** Adaptado de Ruben B. D. y Budd R. W., *Human Communication Handbook: Simulation and Games.* Hayden, U.S.A., 1975.

**Retroalimentación II, Escuchando, Mensaje I, Mensaje II, Mensaje III, La Imposibilidad de no Comunicar:** Adaptados de Simonetti F., Juegos de Comunicación. Tesis para optar al título de psicólogo. E.P.U.C., Stgo. de Chile, 1978.

**Eleusis:** Tomado de Abbot R., *The New Eleusis*. Booklet, N. Y., 1977.

Desarrollados por López A. y Parada A., *Juegos Comunicacionales*. E.P.U.C., Stgo. de Chile, 1982:

**Redundancia I:** Texto tomado de Artaud A., Carta a los Directores Médicos de los Manicomios. En: R. D. Laing y otros, *Hacia la Locura*. Ayuso, Madrid, 1976.

**Redundancia II, Lenguaje Estocástico, Metalenguaje, Digital-Analógico I, Digital-Analógico II**

**Redundancia III:** Texto tomado de Hofstadter D. R., *Gödel, Escher, Bach: An Eternal Golden Braid*. Basic Books. U.S.A., 1979.

**Credibilidad I:** Texto tomado de Bosquet M., Los demonios de la expansión. En: S. Mansholt y otros. *Ecología y Revolución*. Universitaria, Stgo. de Chile, 1972.

**Credibilidad II:** Texto 1 tomado de Novoa M., La Belleza. *Revista Paula*. No 355, Noviembre, 1980.
Texto 2 tomado de Gibram K., *El Vagabundo*. Goncourt, Buenos Aires, 1975.
Texto 3 tomado de Gallagher D., *Lecturas Escogidas de Jacques Maritain*. Nueva Universidad, Stgo. de Chile, 1974.


Los problemas incluidos en los ejercicios de **Reestructurando y Problemas Binarios** constituyen parte del conocimiento acumulado que se transmite oralmente.
El juego de salón **Clue** puede ser adquirido en el mercado.

# C. Ediciones y traducciones actualizadas


ARISTÓTELES, *El arte de la retórica*. Eudeba, Buenos Aires, 2007.

ARTAUD A., *Carta a los poderes*. Argonauta, Buenos Aires, 2003.

BARTHES R., *Investigaciones retóricas I: la antigua retórica*. Buenos Aires, Barcelona, 1982.

BATESON G., *Pasos hacia una ecología de la mente*. Lumen, Buenos Aires, 1999.

BATESON G., *Espíritu y naturaleza*. Amorrortu, Buenos Aires, 2006.

BATESON G. y BATESON M. C., *El temor de los ángeles: epistemología de lo sagrado*. Gedisa, Barcelona, 2000.

BEARDSLEY M. C., *Thinking Straight*. Oliphant, New York, 2008.

BERGER M., *Más allá del doble vínculo*. Paidós, Barcelona, 1993.

BERLO D. K., *El proceso de la comunicación: introducción a la teoría y a la práctica*. Ateneo, Buenos Aires, 2003.

BROCKMAN J., *About Bateson: Essays on Gregory Bateson*. Wildwood. London, 1978.

CARROLL L., *El juego de la lógica y otros escritos*. Alianza, Madrid, 2007.

CARROLL L., *Alicia en el país de las maravillas*. Alianza, Madrid, 2009.

CARROLL L., *A través del espejo y lo que Alicia encontró al otro lado*. Alianza, Madrid, 2009.

CHERRY C., *On Human Communication*. MIT, Cambridge, 1980.

DEAÑO A., *Introducción a la lógica formal*. Alianza, Madrid, 2007.

GARDNER M., *Carnaval matemático*. Alianza, Madrid, 1995.

GARDNER M., *Nuevos pasatiempos matemáticos*. Alianza, Madrid, 1996.

GARDNER M., *¡Ajá!: inspiración*. RBA, Madrid, 2007.

GIBRAN K., *El vagabundo*. Losada, Buenos Aires, 2006.

GUEROULT M., *El concepto de información en la ciencia contemporánea: coloquios de Royaumont*. Siglo XXI, México, 1982.

HALEY J., *Estrategias en psicoterapia*. Toray, Barcelona, 1987.

HALEY J., *Las tácticas de poder de Jesucristo y otros ensayos*. Paidós, Barcelona, 2008.

HALEY J., *Terapia para resolver problemas: nuevas estrategias para una terapia familiar eficaz*. Amorrortu, Buenos Aires, 2008.

HASELOFF O. W., *La comunicación*. Tiempo Nuevo, Caracas, 1971.

HOFSTADTER D., *Gödel, Escher, Bach: un eterno y grácil bucle*. Tusquets, Barcelona, 2007.

HOFSTADTER D. R., *Metamagical Themas: Questing for the Essence of Mind and Pattern*. Basic, New York, 1996.

HUGHES P. y BRECHT G., *Círculos viciosos y paradojas*. Zugarto, Madrid, 1994.

JACKSON D. D., *Therapy, Communication, and Change: Human Communication, Volume 2*. Science and Behavior, Palo Alto, 1973.

JACKSON D. D., *Comunicación, familia y matrimonio*. Nueva Visión, Buenos Aires, 1984.

LAING R. D., *Nudos: la trama de los sentimientos*. Marbot, Barcelona, 2008.

LIPSET D., *Gregory Bateson: el legado de un hombre de ciencia*. Fondo de Cultura Económica, México, 1991.

MILLER G. A., *Psicología de la comunicación*. Paidós, Barcelona, 1980.

PLATÓN, *Gorgias: sobre la retórica*. Eudeba, Buenos Aires, 2006.

RUESCH J. y BATESON G., *Comunicación: la matriz social de la psiquiatría*. Paidós, Barcelona, 1984.

RUSSELL B., *La perspectiva científica*. Planeta, Barcelona, 1986.

SCHULZ C., *Snoopy y Carlitos*. Planeta, Barcelona, 2005.

SHANNON C. y WEAVER W., *The Mathematical Theory of Communication*. University of Illinois, Urbana-Champaign, 1998.

SIMONETTI F., *Juegos de comunicación*. Universidad Católica, Santiago, 2007.

SMITH A. G., *Comunicación y cultura: la teoría de la comunicación humana*. Nueva Visión, Buenos Aires, 1984.

SMULLYAN R. M., *¿Cómo se llama este libro?* RBA, Madrid, 2007.

WATZLAWICK P., *¿Es real la realidad?: confusión, desinformación, comunicación*. Herder, Madrid, 2003.

WATZLAWICK P., BEAVIN, J. H. y JACKSON D. D., *Teoría de la comunicación humana: interacciones, patologías y paradojas*. Herder, Barcelona, 2007.

WATZLAWICK P., *Cambio: formación y solución de los problemas humanos*. Herder, Madrid, 2007.

WATZLAWICK P., *El lenguaje del cambio: nueva técnica de la comunicación terapéutica*. Herder, Madrid, 2007.

WATZLAWICK P. y WEAKLAND J. H., *The Interactional View: Studies at the Mental Research Institute, Palo Alto, 1965-1974*. Norton, New York, 1980.

WHITEHEAD A. N. y RUSSELL B., *Principia mathematica*. Paraninfo, Madrid, 1981.

WITTGENSTEIN L., *Investigaciones filosóficas*. Crítica, Barcelona, 2008.

WITTGENSTEIN L., *Tractatus logico-philosophicus*. Alianza, Madrid, 2009.